유럽식 집밥

유럽 사람들이 가장 즐겨 먹는 집밥 레시피 50

유럽식 집밥

베로니끄 퀸타르트 지음

다선
라이프

추천사

　JTBC《내 친구의 집은 어디인가》촬영을 위해 벨기에의 줄리안 집에 갔을 때가 어제인 것처럼 생생하게 기억난다. 도착하자마자 줄리안이 착하고 책임감이 있는 사람으로 바르게 자란 이유를 깨달았다. 또한, 끼니때마다 베로니끄 어머님의 손끝에서 만들어지는 맛있는 음식 냄새를 잊을 수 없다. 그 비법들을 한국어로 볼 수 있어서 무척 기뻤고 이 책을 보자마자 바로 아내에게 선물하고 싶어졌다.

_ **알베르토 몬디**, 방송 연예인

　벨기에 줄리안의 집에서 먹었던 줄리안 엄마의 요리들이 기억난다. 그 요리 속에는 이야기가 있었고 마음이 있었고 벨기에가 있었다. 요리 그 자체로 여행이었다. 음식을 한 입 한 입 먹는 순간에도 음식이 사라지는 것이 아쉬웠고 맛볼 접시가 하나밖에 남지 않았을 때는 여행의 마지막 밤이 된 듯한 허전함이 들었다. 이제는 이러한 매력적인 요리를 글로 먹어볼 차례다. 그때의 추억이 떠오르며 다시 설렌다. 마음에 가득 채워 넣어야겠다.

_ **유세윤**, 개그맨

　엄마 밥은 언제나 맛있다. 친구 엄마가 해준 밥도 맛있다. 그런데 이번에는 줄리안의 엄마 밥이다. 나는 2주 동안 벨기에 음식을 실컷 맛봤다. 그것도 줄리안의 엄마인 베로니

끄 엄마 밥을 먹었다. 여러분도 조미료 느낌이 전혀 없는 엄마 손맛 그대로를 느껴보시길. 베로니끄 엄마랑 벨기에로 함께 떠나요~~

_ **김영철**, 개그맨 겸 MC

베로니끄 할머니, 축하드려요! 책마저 맛있을 것 같은 느낌이에요. 정말 기대돼요! 맛있는 베로니끄 할머니의 밥이 너무 그리워요. 보고 싶어요! 최고 최고!

_ **주이**, 가수

베로니끄 할머니의 집밥 레시피가 기대된다. 《삼청동 외할머니》를 촬영하면서 할머님들의 집밥을 먹었을 때 정말 감동받았다. 그래서 더욱 베로니끄 할머니의 레시피가 궁금하다.

_ **앤디**, 가수

베로니끄 할머니의 음식은 무엇 하나 빼놓지 않고 항상 맛있었다. 방송에 나온 음식들 가운데 우리 엄마가 레시피를 물어봐달라고 한 음식들도 있었다. 이 책을 통해서 그런 궁금증이 해소되고 베로니끄 할머니에 대해서도 더 알아갈 수 있을 것 같다. 파이팅!

_ **스텔라장**, 가수

이 책을 쓰게 된 사연

왜 이 요리책을 쓰게 되었냐고요?

난 벨기에의 어느 작은 마을에 살아요. 아이들은 커가면서 날개도 자라났고, 가족의 품을 떠나 큰 도시로 집을 떠났지요. 장남 마튜는 스페인 바르셀로나의 이글거리는 태양을 향해 날아갔고 딸 마엘은 벨기에의 수도 브뤼셀에 살아요. 그리고 막내 줄리안은 겨우 열일곱 살 무렵에 서울로 떠났답니다. 한마디로 우리 가족은 '지리적으로 해체된' 가족이에요. 우리는 '눈에서 멀어지면 마음은 가까워진다'고 입을 모아 말했어요. 하지만 눈에서 멀어지면 분명히 청년의 위장도 허전해지게 마련이니 엄마가 해준 집밥과도 이별이지요.

아이들의 식사에 조금은 엄마의 마음이 담기기를

지금 아이들이 사는 곳에서도 어릴 때 잘 먹던 좋은 요리를 만들어 먹으라고 이 책을 쓰게 되었어요. 가끔 애들이 제가 알려준 레시피로 요리한 사진을 보내주면 거기에도 조금은 제가 있다는 느낌이 들어요.

요즘은 바르셀로나에 사는 네 살 손주 테오와 인터넷으로 만나요. 비디오로 할머니가 어떻게 미니 고기만두를 만드는지 설명해주지요. 테오는 아빠랑 같이 저녁 메뉴를 준비해요. 레시피를 전수하는 건 어쩌면 제 인생의 향내와 맛을 전달하는 것인지 몰라요.

건강과 사랑을 모두 드려요

엄마로서 언제나 가족들의 건강을 생각하지 않을 수 없어요. 가능한 한 텃밭이나 시장의 신선한 제품으로 요리하려고 노력해요. 거기에 환상적인 사랑 한 스푼을 첨가하려고 애쓰지요.

인터넷을 뒤져보면 수천 가지 레시피가 있고 여러분을 만족시킬 레시피도 금방 찾아볼 수 있을 거예요. 하지만 이 책의 레시피는 인터넷보다 단순하고 금방 만들 수 있어요. 대부분 제가 사는 지방, 벨기에 것, 친구들의 것이에요. 물론 엄마에게 전해 받은 것도 있어요. 어떤 레시피는 내가 여행한 나라들에서 가져온 것이라 이국적인 향기가 나요. 어떤 레시피는 내가 직접 만들어낸 것도 있어요.

여러분들이 요리하면서 사랑하는 사람들과 기쁨을 나누길 바라요.

본 아뻬띠 Bon appétit!

마튜, 마엘, 줄리안의 엄마 베로니끄

나, 베로니끄에 대하여

한국의 독자 여러분 안녕하세요, 베로니끄예요.

세상에 처음 코끝을 내밀어본 1955년 8월 26일, 부모님은 제게 꽃 이름 '베로니끄'를 선물해주셨어요. 여름 하늘을 연상시키는 남프랑스 바닷빛. 그 파란 잎을 나도 참 좋아해요.

난 벨기에의 지방 도시인 리에주에서 태어났어요. 아버지는 엔지니어셨고, 엄마는 가정주부셨지요. 오빠는 컴퓨터를 공부했고 결혼해서 4명의 자녀와 6명의 손주들을 만났어요.

고등학교를 졸업한 뒤 나는 교환학생 신분으로 미국에서 1년을 보냈어요. 가족과 떨어져 살면서 새로운 언어와 문화를 경험하고 다양한 사람을 만나 생각의 폭을 넓힐 수 있었던 건 정말 꿈만 같은 일이었어요. (이런 멋진 경험을 할 수 있도록 허락해주신 부모님께 얼마나 감사했는지요!)

할머니와 함께 있는 한 살의 베로니끄

미국에서 돌아온 뒤에는 간호사 공부를 했어요. 언젠가부터 건강과 관련된 것이라면 무엇에든 열중했지요. 간호 학위가 전 세계를 여행할 때 좋은 통행권이 될 것이라고 생각했거든요. 그리고 2년 동안 간호사로 열심히 일했어요. 정말 세계 여행을 다녀올 계획이었거든요.

도미니끄와 베로니끄의 결혼식 날

그런데 예상하지 못한 일이 찾아오는 바람에 야심 찬 세계 여행 계획은 무산되고 말았어요. 운명의 사랑을 만나 결혼을 하고 세 아이의 엄마가 되었지 뭐예요. 남편 도미니끄 역시 벨기에 사람이에요.

자유로운 새가 되고 싶었어요

미국에 있을 때 홈스테이에서 만난 아버지 같은 분께서 내게 '자유로운 새'라는 별명을 지어주셨어요. 모험과 여행을 좋아하고 새로운 것을 발견하는 걸 좋아했기 때문이지요. 맞아요, 나는 호기심이 많답니다. 모든 것에요. 대학생이었을 때, 여행을 정말 좋아했거든요. 배낭 메고 유럽을 횡단해서 모로코로 그리고 미국으로 여행을 했지요. 나는 콧바람 쐬는 것뿐만 아니라 신기술과 인터넷, SNS를 좋아해요. 젊은이들을 만나면 새로운 아이디어가 떠오르고는 하지요.

네 장미를 그토록 소중하게 만든 것은 네 장미를 위해
네가 들인 시간이야.

_『어린왕자』 (앙투완 드 생텍쥐페리)

엄마가 되면서부터는 더욱 '즐거운 우리 집'을 만드는 데 애썼어요. 아이들이 자라나는 걸 보기 위해서였지요. 도미니끄와 난, 직업이라는 영역에서 함께하려고 노력했어요. 우리 부부의 삶은 고속도로처럼 쭉 뻗어 있기만 한 건 아니었지요. 항상 언제든 자연 속에 있는 커브 길, 구불구불한 길이었고, 심지어 길을 만들어내기도 했으니까요.

세월이 흐르면서 우리 부부는 다양한 종류의 활동을 했어요. 8년 동안 유기농 식품점을 운영하고, 장남 마튜가 사는 바르셀로나에 여행자 아파트 임대를 위해 인터넷 사무실을 창업하기도 했어요. 우리 부부가 사는 옛날식 농가의 일부를 휴가철에 숙소로 개조해서 며칠이든 몇 주든 마음껏 공기를 마시고 자연을 누리길 원하는 다양한 나라의 사람들을 맞이하기도 하지요.

제가 좋아하는 것들을 간단히 소개하자면 다음과 같아요.

아이들 나는 아이들을 정말 좋아해요. 아마도 할아버지와 삼촌이 소아과 의사셨던지라, 집안 내력을 숨길 수 없는 것 같아요.

스포츠 머리카락을 휘날리며 자전거 타기, 바다에서 수영하기, 하이킹하기, 춤

추기를 좋아해요.

언어 다양한 국적의 사람들과 이야기하는 걸 정말 좋아해요. 프랑스어뿐만 아니라 영어, 스페인어, 네덜란드어를 구사할 수 있고 약간의 독일어와 몇 마디의 한국어를 안답니다.

관심 분야 건강, 영양 그리고 문화와 관련된 모든 것이 제 관심사예요. 책, 음악, 영화 등 다양한 분야도요.

가장 좋아하는 5가지 구절

- 삶은 자전거와도 같다, 균형을 잃지 않도록 전진해야 한다.
  _ 알버트 아인슈타인
- 창의력 없는 사랑은 어떤 여지도 없다.
  _ 로맹 가리
- 유머는 위엄에 대한 확신이자 다가오는 것을 맞서게 하는 오만함의 선언이다.
  _ 로맹 가리
- 인생은 폭풍우가 지나기를 기다리는 것이 아니라 빗속에서 춤추는 걸 배우는 것이다.
  _ 세네크
- 당신은 옷을 다 입을 때마다 미소를 짓지요.
  _ 시아, 「당신은 옷을 다 입을 때마다 미소를 짓지요」

아들 줄리안에 대하여

1987년 8월 24일 어느 예쁜 여름 날, 내 32번째 생일을 이틀 앞두고 줄리안이 태어났어요. 당시 형 마튜는 아홉 살, 누나 마엘은 여섯 살이었어요. 줄리안이 우리 집 막내가 된 거예요.

사랑받는 꼬마

어렸을 때부터 줄리안은 호기심이 많고 창의성이 풍부하며 감성적이고 아주 사교적이어서 주변 사람들에게 기쁨을 주었어요. 놀이터에서는 다른 어린이나 어른들과도 쉽게 말을 붙였어요. 여덟 살 때 건반 수업을 듣고 할머니를 위해 작은 음악회를 열더니, 때때로 양로원에 가서도 재능을 발휘했어요. 은발의 할머니들은 이 꼬마 소년의 매력에 푹 빠졌답니다.

세 살 때의 줄리안

관심을 즐기는 마술사

쇼맨십을 가진 이 꼬마는 빨강과 검정 옷을 입고 마술사가 되어 공연하는 걸 좋아했습니다. 줄리안 옷장에 역할극 의상이 가득했어요. 기사, 권투선수, 가수, 무용가로 분장하고 사촌이나 친구들이 오면 작은 연극을 하기도 했어요. 막이 오르고 관객들이 자리에 앉아 마지막 박수갈채하기까지 그 아이는 정말 즐기는 것 같았어요.

줄리안 장 레오나르

벨기에 사람들은 아이에게 세 개의 이름을 지어줘요. 줄리안 다음에 오는 이름은 장, 할아버지의 이름을 땄고요, 그의 세 번째 이름은 미리 양해를 구하건대, 레오나르 드 다빈치의 이름에서 따온 레오나르예요. 모나리자를 그린 화가이자 그 당시에는 매우 앞선 신식 기계를 고안하기도 했으며, 덜 알려진 사실이지만 여름에 프랑스의 왕을 위해 축제와 공연을 만들어낸 대단한 기획가였다고 해요. 아마도 그래서인지 우리 집 막내 레오나르는 공연기획을 정말로 좋아하고요, 레고 블럭으로 우주선, 미래 자동차, 삼차원 안경, 몽환적인 왕궁 등 상상 속의 온갖 것을 만들기도 합니다. 줄리안은 만화를 보거나 만화책 읽는 것을 참 좋아해요. 그가 좋아하는 시리즈 중에서 '천재 레오나르도'라는 것도 있어요. 조금은 미치광이 같은 발명가와 그의 제자의 삶을 그린 이야기에요. 줄리안은 벨기에를 대표하는 만화인 땡땡 Tintin 시리즈도 정말 좋아해요. 특히 땡땡의 '푸른 연꽃' 시리즈를 좋아하는데, 이는 중국을 배경으로 하는 이야기랍니다. 학교 다닐 때 줄리안이 가장 친했던 친구는 중국식당집 아들 웸보였어요. 아마 그 시절부터 이미 아시아의 매력에 빠졌나봐요.

사춘기의 파이널 판타지

13세부터 15세까지 줄리안의 가장 큰 관심사는 비디오게임이었어요. 「파이널 판타지」에서 캐릭터와 완전히 일치되더니 게임이 완성되었을 때 눈물을 펑펑 쏟기도 했지요. 집에서 친구들과 비디오게임 하는 시간을 편성했을 정도였지요. 그때는 휴대용 게임이 출시되기 전이어서 우리 집 거실에는 열 대가 넘는 컴퓨터가 들어섰고, 24시간 동안 쉬지 않고 게임을 하기 위해 컴퓨터의 열기를 식혀주는 이상한 냉각장치도 등장했지요.

나와 도미니끄에게 아주 힘든 시기였어요. 사춘기의 아이는 평행선 세계에서 사는 것 같았고, 음식이 식기 전에 와서 먹으라고 일곱 번 넘게 엄마와 아빠가 교대로 소리를 질러도 전혀 들리지 않는 것 같았거든요. 남편이 컴퓨터를 끄려고 집의 전기를 차단한 적도 있어요. 즉각 계단을 내려온 줄리안은 우리에게 부르짖으며 외쳤어요. 엄마와 아빠가 독재적으로 내린 결정이 온통 나쁘다고 말이에요.

운동과는 거리가 먼 줄리안?

여러분도 이미 눈치챘겠지만, 축구같이 역동적인 활동은 줄리안의 전문 분야가 아니었어요. 하지만 수영을 아주 잘했고, 롤러스케이트를 정말 좋아했어요. 그리고 14세에 하키 팀에 입단했답니다.

한국으로 날아간 줄리안

2004년 8월, 교환학생 프로그램으로 1년 동안 한국에 가게 되었어요. 줄리안은 아시아 국가를 경험하고 싶어 했고 가족이라는 둥지를 잠시 떠나기로 한 것에 만족했어요. 한국에 도착해서 가장 먼저 머물렀던 곳은 서천이라는 남부 도시였어요. 홈스테이 가정은 정말 친절했지만 영어가 전혀 통하지 않았어요. 학교의 영어 선생님께서 줄리안에게 한국어의 발음과 쓰기를 알려주셨대요. 줄리안은 곧장 한글에 매료되었지요.

시골 소년, 서울을 만나다

2005년 1월, 줄리안은 서울의 정 씨 가족에게로 이사 갑니다. 이 가정은 교환학생으로 벨기에의 우리 집에서 몇 달 동안 지내고 있는 친구의 집이었지요. 그 친구의 어머니도 줄리안을 열렬히 환영해주셨어요. 마침내 줄리안은 전철도 타보고 또래 친구들도 자유롭게 만날 수 있었지요. 어느 대학교의 컴퓨터 디자인 수업을 등록하기도 했어요. 학업이 끝나갈 즈음에 우연히 「잘 먹고 잘 사는 법」이라는 프로그램에 출현하게 된 줄리안은 많은 시청자의 관심을 받기도 했답니다.

벨기에로 돌아오다

교환학생 기간이 끝나고 2005년 8월에 잠시 가족의 품으로 돌아온 줄리안은 장차 어떤 공부를 할 것인지 스스로 많은 질문을 했어요. '무엇을 할 것인가?', 무엇을 선택할 것인가?' 질문하고 또 질문했지만 한 발자국도 보이지 않는 안개뿐이었어요.

그러던 어느 날 아침, 줄리안은 한국에서 출연했던 방송 PD의 연락을 받게 됩니다. 시청자들이 왜 줄리안이 더 이상 방송 출연을 하지 않는지에 대해 많이 문의했다고 해요. 담당 PD는 줄리안이 다시 서울로 올 수 없는지 간청하셨어요. 우리 가족은 함께 찬반 투표를 했어요. 한국으로 다시 떠날 것인지, 벨기에에 남아서 더 깊이 있는 공부를 할 것인지 말이에요. 저울은 금세 한국으로 떠나는 쪽으로 기울어졌어요. 모두가 다시 오지 않을 기회이자 잠시 지나가는 행운을 붙잡아보자고 생각했기 때문이에요.

안녕하세요, 한국

줄리안은 비자를 갱신하기 위해 세 달에 한 번은 잠깐씩 벨기에에 들러서 우리와 함께 시간을 보냈어요. 한국에서는 방송에서 멋진 모습을 보여준 금발청년의 팬이 날마다 늘어났고, 시청자들은 그가 어떤 사람인지 궁금해하기 시작했어요. 프로그램 제작자는 줄리안의 집과 가족, 학교, 그리고 그가 자란 지방을 촬영하려고 우리 벨기에에 오기도 했지요.

우리 부부의 30년 결혼 생활 가운데 가장 놀라운 일이 아닐 수 없었어요. 아이들 덕분에 한국으로 여행을 갈 수 있게 되어서요. 줄리안의 누나인 마엘이 우리와 여행에 동행했어요. 줄리안의 TV 촬영을 지켜봤을 뿐만 아니라 우리도 잠시 출연했고 사찰 방문, 콩으로 메주 만들기, 다채로운 색깔의 전통 왕족 한복 입어보기 등 여러 장면을 촬영했어요. 게다가 용감하게도 진짜 황금 왕관을 써보기도 했어요.

한복을 입은 마엘과 줄리안

줄리안이 이미 4년이나 살아온 나라를 우리도 알아가는 기쁨이 있었어요. 그리고 우리를 바라보는 한국 분들의 시선이 정말 진심이 어려 있고 친절하다고 느꼈지요.

아빠와 엄마도 유명해졌어요

2014년, 줄리안은 「비정상회담」이라는 토론 프로그램의 패널로 참여하게 되었어요. 이 프로그램은 다양한 국가에서 온 젊은이들이 사회의 여러 방면을 주제로 토론하고, 한국 문화의 관점을 다양한 시선으로 조명해주는 역할을 했어요. 이 프로그램이 엄청난 인기를 끌면서 시청률 1위를 거두기도 했대요. 줄리안이 활동적으로 참여하며 많은 토론을 이끌자 한국에서 줄리안이 더욱 유명해지게 되었어요.

2015년 2월에는 한국 방송국에서 무려 30명의 사람이 벨기에의 우리 집에 방문하셨지요. 우리 집은 그분들 모두가 주무시기에는 좁아서 근처 작은 마을의 호텔을 전부 대실했어요. 우리 집에서 「내 친구의 집은 어디인가」라는 프로그램을 촬영하셨어요. 줄리안이 데려온 친구들은 각각 중국, 미국, 캐나다, 이탈리아, 네팔, 한국에서 왔지요. 이 프로그램은 각 출연자의 집에 며칠 동안 머물면서 부모님과 형제, 자매, 친구들을 만나고 살아온 환경을 담았어요. 세 달이 지나고 도미니끄와 내가 한국에 갔을 때, 우리를 텔레비전에서 본 많은 한국 분이 거리에서 함께 사진을 찍자고 해서 정말 놀랐어요. '어머, 줄리안 아빠다.', '어머, 줄리안 엄마다.' 이렇게 되었답니다.

DJ 어바웃 줄리안

오래전부터 줄리안은 전자 음악 애호가였답니다. 그의 DJ 이름은 '어바웃 줄리안'이에요. 프랑스 친구인 얀과 함께 호텔 옥상에서 작은 공연을 열기도 했고, 서울 한복판을 흐르는 한강의 인공 섬에서 좀 더 큰 규모의 공연을 열기도 했어요. 그리고 뮤지컬과 서울 축제에도 출연한 경험이 있어요.

고마워요, 한국

조금 있으면 줄리안은 벨기에에서 산 것보다 한국에서 산 시간이 더 많아질 거예요. 서울에 사는 걸 좋아하지만 자전거를 타고 전국을 누비지요. 수십 킬로미터 되는 한강 둔치를 맑은 공기를 마시며 자전거 페달로 누빈답니다. 나는 아직도 줄리안이 한국말을 잘하는 걸 들으면 정말 깜짝 놀랍니다. 한국에 있는 모습이 참 편안해 보여요. 한국 사람들은 외향적이고 열정이 넘쳐요. 마치 아시아에 있는 라틴 민족 같아요. 줄리안 주변에 정말 친절한 분들이 많고 그를 존중해주시는 것이 느껴져서 자랑스러워요. 무엇보다 지면을 빌려 줄리안이 한국에 정착할 수 있도록 식구처럼 대해주신 홈스테이 가정들께 감사드립니다. 줄리안 큰형처럼 함께해주시는 매니저 호석 씨에게도 감사를 전합니다. 줄리안, 이 멋진 모험을 잘 해내고 있단다. 그리고 한국에서의 모험 가운데 원만하게 돌아가지 않는 어려운 순간이 있어도 굳센 마음으로 힘내렴. 네 엄마인 것이 참 자랑스럽다.

내가 요리에 사용하는 재료

지금부터는 본격적으로 요리에 관한 이야기를 나눌게요. 벨기에의 음식은 양념을 많이 사용하지 않아요. 채소, 고기, 생선 등의 자연적인 맛 자체를 즐기고, 파슬리, 산파, 타라곤 등 신선한 허브를 많이 사용하지요. 소금과 후추는 거의 모든 요리에 사용하고요. 그 밖에 내가 요리에 자주 사용하는 향신료는 다음과 같아요.

월계수잎 지중해 분지가 원산지이며, 생잎 전체를 사용하거나 말린 것을 부스러뜨려서 사용해요. 말린 잎을 부수면 향이 강하게 나서 다양한 용도로 쓰이지요.

타임 요리에 많이 사용하며 차로도 이용해요. 정화 기능이 뛰어나고 인체 기관의 면역력을 높여줘요.

 **로즈마리** 유쾌한 향이 나서 흰 고기나 가금류와 잘 어울려요. 위경련에 매우 효과적이며 이뇨제 역할도 해요.

 **바질** 이탈리아 및 남프랑스 요리에서 많이 사용하는 허브입니다. 올리브, 잣, 파르메산 치즈와 섞으면 유명한 프로방스식 채소 수프인 피스투 또는 이탈리아식 페스토 소스의 재료가 됩니다.

 **박하** 주로 차로 우리거나 향을 내어 사용해요. 타불레 같은 신선한 과일 샐러드에도 사용되지요. 여름에 신선한 박하잎 몇 장과 레몬을 물에 넣고 냉장고에 보관해두면 갈증해소에 아주 좋은 음료가 됩니다. 박하는 소화를 촉진하는 효능도 있어요. 흔히 민트라고 부르기도 합니다.

 **파슬리** 주로 잘게 부숴서 요리에 넣거나 수프에 뿌려 먹어요. 비타민 C가 풍부하답니다.

 타라곤 식초나 각종 요리에 향을 내기 위해 사용해요. 식욕을 돋우는 향료 식물입니다.

 고수 아시아, 중동, 북아프리카 등 여러 나라에서 흔히 사용하는 식물로, 항산화 작용을 돕고 비타민 K가 풍부해요.

 정향 봉오리 정향나무 꽃의 싹입니다. 아주 강한 향을 발산해서 소량만 사용합니다. 치통이 있을 때 진통제로도 쓰여요.

 육두구 인도네시아가 원산지이며, 잘게 갈면 따뜻하고 감미로운 향이 나서 그라탱 도피누아와 같은 요리에 꼭 사용합니다.

 바닐라 마다가스카르가 원산지이며, 작고 검은 막대기 모양인데 보물은 그 안에 숨어 있어요. 바닐라의 작은 구근을 둘로 자르면 작고 검은색인 바닐라 곡식을 발견할 수 있지요. 디저트에 향을 넣고 싶을 때 써요.

계피 매우 부드럽고 따뜻한 성질의 향을 가진 나무의 껍질로, 막대기 또는 파우더 형태로 사용해요. 후식이나 과자류에 사용하며 항산화 효능이 있어요.

포도주 적포도주는 고기를 잴 때 맛을 좋게 하며 백포도주는 생선이나 리소토와 잘 어울립니다. 백포도주 식초는 신선한 타라곤, 염교, 산파의 꽃, 분홍색 후추 및 다른 여러 종류의 허브와 함께 향을 내는 데 사용합니다. 이 식초는 샐러드 대부분에 들어가는 양념이며 초록색 깍지콩, 감자와 함께 따뜻하게 먹는 리에주식 스튜에도 사용해요. 리에주식 스튜의 레시피는 148쪽 '리에주식 깍지콩 베이컨 스튜' 레시피를 참고해주세요.

나는 재료를 개량할 때 미국처럼 계량컵을 사용하기도 합니다. 1컵, 1/2컵, 1/4컵 등으로 나누어 사용하며 주로 사용하는 재료의 양은 다음과 같이 정리할 수 있어요.

- 밀가루 1컵 = 밀가루 120g
- 설탕 1컵 = 설탕 200g
- 우유 1컵 = 우유 240ml
- 쌀 1컵 = 쌀 190g

요리에 관한 조언

건강을 위하면서도 환경에 유익한 요리를 만들려면 제철 과일과 채소를 사용하고 그 지방에서 생산된 제품을 이용해야 해요. 다른 지방에서부터 수천 킬로미터를 달려 여러분의 접시에 도착하는 것보다 비타민과 미네랄이 더 풍부하게 함유되어 있기 때문이지요. 지역 농산물을 먹는 것은 자신의 건강을 생각하는 일이며 지구를 배려하는 모든 사람에게 필수적인 행동입니다.

그러나 매사에 지나쳐서는 안 돼요. 여러분이 정원을 가꿀 수 없고 근처에서 바나나를 구할 기회가 없는데 바나나 스무디를 만들어 먹으려고 힘을 다 뺄 이유가 없어요. 지역 농산물을 먹는다는 것은 '가능한 한 많이 지역에서 난 생산물을 먹는다'는 뜻이랍니다.

채소 조리 방법

채소를 삶는 방법은 영양소, 무엇보다 비타민과 미네랄, 염분과 같은 영양소를 최대로 보존해야 하기에 중요하답니다.

물에 삶기 냄비에 물을 먼저 끓인 다음 채소를 넣어야 채소의 비타민 손실을 줄일 수 있습니다. 삶을 때 물로 빠져나오는 영양소가 최소화되도록 가능한 한 짧은 시간 동안 데쳐야 해요.

증기로 찌기 채소를 물에 담그지 않고 찌는 것이 비타민 손실을 최소화하는 방법이에요.

올리브오일 활용하기 채소를 잘라서 올리브오일을 끼얹은 뒤 오븐이나 팬에 20분간 구우면 정말 맛있어요.

올리브오일

올리브오일이 샐러드에 이상적인 이유는 단일 불포화지방산이 풍부하여 좋은 콜레스테롤을 높여주기 때문이에요. 그리고 항산화 효과가 있고 심혈관 질환을 예방해줍니다. 더위를 잘 견디게 하며 재료를 구울 때도 활용하기 좋아요.

가장 좋은 기름은 추운 곳에서 처음 짜낸 유기농 제품입니다. 한 나라나 한 생산자에게서 짜낸 기름을 고르는 것이 다양한 원산지의 기름을 섞은 것보다 낫지요. 유럽에서 올리브오일을 많이 생산하는 나라는 스페인과 이탈리아, 그리스, 프랑스 순입니다.

채식주의자와 비건

채식주의자들은 고기나 생선을 통해 섭취하지 못한 영양분을 달걀과 치즈, 완전한 시리얼, 콩과식물 (강낭콩, 렌틸콩, 병아리콩), 대두, 말린 과일 등으로 보충해줘야 합니다.

채소 단백질 공급원의 예   퀴노아, 콩과식물, 버섯, 견과, 곡물, 말린 과일(대추야자, 무화과), 미역 등의 해초류 등

칼슘 공급원의 예   신선한 과일, 말린 과일, 푸른 채소, 콩과식물, 파슬리, 타임, 계피, 두부, 등

채식주의자는 칼슘이 풍부한 해초류를 먹는 것도 도움이 되는데, 이때 소금 간은 조금만 하는 것이 좋습니다. 소금을 많이 먹으면 소변으로 칼슘이 빠져나가거든요. 한편, 발아 곡식은 다양한 효능이 있어서 만능 식품으로 불립니다. 향과 색이 다양하며 단백질, 비타민, 미네랄이 놀라울 만큼 풍부합니다. 발아 곡식을 먹으면 아름다움, 힘, 웰빙을 얻을 수 있지요.

흰쌀과 현미

현미는 겉껍질을 벗겼지만 씨눈을 간직하고 있으며 풍부한 겨에는 식이섬유, 비타민, 미네랄이 들어있습니다. 현미는 흰쌀보다 식이섬유가 4배 이상, 마그네슘은 7배 이상 많습니다. 흰쌀이 함유하는 것은 대부분 녹말이에요. 노인이나 소화에 문

제가 있는 사람이라면 소화를 위해 흰쌀을 드시길 권합니다. 다만 건강하신 분들은 되도록이면 현미나 밀, 보리, 조류(조, 메밀, 옥수수), 귀리를 먹는 것이 나을 거예요. 그리고 유기농 제품을 이용하는 것이 좋아요. 왜냐하면 곡물을 싸고 있는 껍질에 농약이나 화학제품이 남아 있을 수 있으니까요.

통밀 효모 빵

나는 베이킹파우더보다 자연 효모가 들어있는 통밀을 좋아해요. 발효가 된 밀가루로 만든 빵은 소화가 잘되고 비타민과 미네랄이 몸에 흡수돼요. 물과 밀가루를 섞어서 3일 동안 두면 발효가 됩니다.

유산 발효된 음식

한국의 김치, 프랑스의 슈크르트처럼 유산 발효된 음식은 비타민과 효모, 프로바이오틱스 등 우리 몸에 좋은 성분을 많이 지니고 있습니다.

CONTENTS

이 책을 쓰게 된 사연	006
나, 베로니끄에 대하여	008
아들 줄리안에 대하여	012
내가 요리에 사용하는 재료	020
요리에 관한 조언	024

 : 베지테리언 활용 레시피 (vegetarian)

1장 애피타이저

지중해식 타불레 — 040

세몰리나 쿠스쿠스와 오이, 토마토, 레몬즙으로 만드는 민트 향의 신선하고 바삭한 음식으로, 프랑스 남부에서 여름철에 즐겨 먹습니다.

요구르트 소스를 곁들인 당근 — 044

비타민이 풍부한 생채소를 요구르트 소스에 찍어 먹는 음식입니다.

무당벌레 — 048

방울토마토와 모차렐라 치즈, 바질로 만드는 재밌는 무당벌레 모양의 음식입니다.

퀴노아 비트 베린 — 052

건강한 퀴노아로 만드는 신선한 샐러드입니다.

프로방스식 올리브 — 056

그린 올리브를 올리브오일, 레몬, 마늘 등으로 양념하여 만듭니다.

버섯 레몬 절임 — 060

버섯을 얇게 저며서 레몬즙에 재워 만드는 음식입니다.

초리조를 더한 멕시코식 과카몰리 — 064

아보카도에 레몬즙을 더해 으깬 음식으로 멕시코에서 흔히 먹습니다.

•• Veronique's Story ••

가족 — 068

내가 매일 요리하는 이유인 '우리 가족'에 대한 이야기입니다.

유기농 식품 076

나는 대학생 시절부터 혼자 살기 시작하며 채식과 유기농 식품에 큰 관심을 가지게 되었어요.

2장 전채 요리

멕시코식 세비체 088

날생선에 레몬즙을 곁들여 먹는 음식으로 아주 신선하고 맛이 좋습니다.

이탈리아식 토마토 모차렐라 샐러드 092

이탈리아의 모차렐라 치즈에 토마토, 루콜라, 케이퍼를 섞어서 만드는 샐러드입니다.

햄을 채운 토마토 096

잘게 다진 햄과 달걀을 마요네즈에 버무린 다음 반으로 가른 토마토에 담아 만드는 음식으로, 여름철에 먹기 좋습니다.

속을 채운 삶은 달걀 100

달걀노른자에 마늘과 안초비를 더하여 골고루 으깨 만드는 요리입니다.

훈제 송어 연어 파테 104

훈제된 송어와 연어의 맛이 어우러져 매우 세련된 느낌을 주는 생선 요리로, 손님이 감탄할 만한 요리를 내놓고 싶을 때 만들면 좋습니다.

비트와 호두를 더한 마타리 상추 샐러드 ⓥ 108

영양가가 풍부한 비트와 호두로 만드는 맛있는 벨기에식 겨울 샐러드입니다.

벨기에식 참치를 채운 복숭아 112

벨기에에서 여름철에 즐겨 먹는 음식으로, 통조림 복숭아에 참치 샐러드를 채워 만들고 빵이나 감자튀김을 곁들여 먹습니다.

모로코식 토마토 오이 샐러드 ⓥ 116

토마토와 오이에 커민으로 향을 낸 샐러드입니다.

·· Veronique's Story ··

모로코 120

스무 살 때 남편과 함께 사하라 사막을 횡단했던 멋진 모험을 간직하고 있습니다. 다채로운 색상과 풍미, 향신료가 가득한 모로코의 시장은 그야말로 매혹적인 장소입니다.

3장 메인 요리

벨기에식 파슬리 양파 미트볼　136

벨기에에서는 미트볼을 주로 다양한 소스를 곁들여서 따뜻하게 먹지만 머스터드를 곁들여서 맥주와 함께 차갑게 먹기도 합니다.

벨기에식 홍합찜　140

홍합에 셀러리와 파슬리를 더하여 만드는 벨기에식 요리로, 감자튀김과 맥주와 함께 먹습니다.

사냥꾼의 닭고기 스튜　144

닭고기와 토마토, 버섯, 와인으로 만드는 스튜입니다.

리에주식 깍지콩 베이컨 스튜　148

스튜에 베이컨과 식초를 더해서 좋은 풍미를 풍기는 음식입니다.

밥과 카레소스를 곁들인 삶은 닭 요리　152

닭고기를 각종 채소와 함께 삶은 다음 카레소스와 밥을 곁들여 먹는 음식으로 어머니에게 받은 레시피입니다.

머스터드 소스를 곁들인 돼지고기 구이와 감자 당근 스튜　158

구운 돼지고기를 저민 다음 머스터드 소스와 감자 당근 스튜를 곁들여 먹는 음식입니다.

·· Veronique's Story ··

벨기에　162

맥주와 초콜릿, 감자튀김, 와플로 유명한 벨기에는 내가 태어나고 살고 있는 나라입니다. 브뤼셀은 벨기에의 수도이자 유럽의 수도로, 실로 국제적인 도시예요.

뵈프 부르기뇽　174

아주 유명한 프랑스 요리로, 소고기를 월계수잎, 타임과 함께 와인에 재운 다음 베이컨, 버섯, 양파, 당근을 더해서 푹 익히는 음식입니다.

생허브를 더한 연어 그릴 구이와 코코넛 향 밥　178

코코넛 풍미가 가득한 아시아식 요리로, 자몽이 신선한 맛을 더합니다.

스페인식 도미 요리　182

바르셀로나의 시장에서 얻은 레시피로, 감자와 빨강 파프리카와 함께 오븐에 구운 도미 요리입니다.

파에야 186

쌀과 해산물로 만드는 스페인 요리입니다.

·· Veronique's Story ··

스페인 190

햇살 가득한 도시인 스페인에서는 다른 유럽 국가와는 다른 삶의 방식을 볼 수 있습니다. 큰아들 마튜는 바르셀로나에 살고 있고 나도 3년 동안 거주한 적이 있어요.

채식 셰퍼드 파이 Ⓥ 200

볶은 채소를 팬에 담고 으깬 감자를 얹어 만드는 요리입니다.

당근 주키니 귀리 팬케이크 Ⓥ 204

간 당근과 주키니, 파슬리에 달걀과 밀가루, 귀리를 섞어 만드는 팬케이크로, 샐러드를 곁들여 먹는 채식주의자 요리입니다.

이탈리아식 펜넬 파스타 Ⓥ 208

펜넬과 잣, 토마토를 넣은 이탈리아식 파스타입니다.

·· Veronique's Story ··

이탈리아 212

유명한 이탈리아 요리와 내가 방문한 여러 이탈리아 지역에 관한 이야기입니다.

그라탱 도피누아 Ⓥ 218

감자에 크림과 치즈를 더해서 오븐에 구워낸 음식으로, 곁들임 요리로 먹거나 샐러드와 함께 메인 요리로 먹습니다.

리크에 얹은 도미 필레 222

생선과 리크만 가지고 만들 수 있는 아주 간단한 요리입니다.

피살라디에르 226

프랑스 남부에서 즐겨 먹는 파이로, 토마토와 양파, 안초비로 만듭니다.

모로코식 커민 고수 미트볼 230

커민, 다진 고기, 채소로 만드는 음식으로, 나는 알제리 북부에 있는 도시인 가르다이아의 작은 레스토랑 안뜰에서 먹어봤습니다.

속을 채운 파프리카　　　234

다진 고기와 파슬리, 양파로 파프리카의 속을 채워 만드는 음식으로, 나는 그리스 아테네 근처의 작은 섬 키트노스에서 처음 먹어봤습니다.

레몬과 마늘을 가미한
닭 허벅지 살 요리　　　238

닭고기에 레몬과 마늘을 가미해서 오븐에 구워 만드는 음식입니다.

토마토 셰퍼드 파이　　　242

다진 소고기를 토마토와 함께 익힌 다음 으깬 감자를 얹어 만드는 음식입니다.

칠리 콘 카르네　Ⓥ　246

다진 고기 또는 콩고기에 파프리카, 옥수수, 강낭콩, 토마토, 고추를 더해서 만드는 미국 남부의 요리입니다.

4장　수프 요리

이탈리아식 미네스트로네　Ⓥ　254

당근과 리크, 주키니, 양파, 셀러리, 토마토를 흰콩과 함께 익힌 수프로, 파르메산 치즈를 뿌려 먹습니다.

처빌 수프　Ⓥ　258

벨기에에서 겨울철에 많이 먹는 수프로, 풍미가 진한 허브인 처빌과 모든 채소 재료를 믹서에 갈아 만듭니다.

하리라　　　262

소고기와 렌틸콩, 병아리콩, 채소로 만드는 모로코의 전통 수프로, 이슬람교도가 라마단 기간에 해가 진 다음 단식을 멈출 때 먹는 음식입니다.

호박 수프　Ⓥ　266

호박과 양파로 만드는 가을 수프입니다.

주키니 당근 수프　Ⓥ　270

주키니와 당근을 믹서에 갈아서 타라곤으로 향을 낸 수프입니다.

마르세유의 부야베스　　　274

사프란을 넣은 해산물 수프로, 프랑스 남부의 항구도시인 마르세유에서 먹어본 음식입니다.

·· **Veronique's Story** ··

프로방스　　　　　　　　　　　　　　　278

프랑스 남부에 자리한 프로방스의 매력과 현지 특산물을 이용한 고전 요리에 대해 알아봅시다.

5장 후식

당근 케이크　　　　　　　　　　　　290

암스테르담에서 얻은 레시피로, 당근과 호두가 들어가 아주 건강한 케이크입니다.

크레이프　　　　　　　　　　　　　　294

밀가루나 메밀가루 반죽을 얇게 부쳐 설탕 또는 잼, 채소와 함께 먹는 음식입니다.

·· **Veronique's Story** ··

암스테르담　　　　　　　　　　　　　298

내가 학생이던 시절에 암스테르담은 자유의 도시이자 이상적인 장소였습니다. 다른 지역에서는 찾아보기 어려웠던 요가 강습과 채식 레스토랑도 만날 수 있었지요.

초콜릿 무스　　　　　　　　　　　　304

달걀과 초콜릿으로 만드는 유명한 후식입니다.

체리 클라푸티　　　　　　　　　　　308

달걀과 크림 반죽에 체리를 넣고 오븐에 구워 만드는 요리로, 너무 달지 않고 체리가 촉촉해서 맛이 좋습니다.

스페쿨루스　　　　　　　　　　　　312

시나몬과 향신료를 가미한 전형적인 벨기에식 비스킷으로, 주로 커피나 차와 함께 제공합니다.

호두 케이크　　　　　　　　　　　　316

영양가 많은 호두로 만드는 맛있는 가을 케이크입니다.

초콜릿 케이크　　　　　　　　　　　320

대부분의 아이가 좋아하는 케이크로, 나는 주로 줄리안의 생일 때 고양이 모양으로 만들었습니다.

사과 크리스프　　　　　　　　　　　324

미국에 살 때 얻은 레시피로, 바삭한 귀리 혼합물을 얹어 구운 사과에서는 훌륭한 맛이 납니다.

·· Veronique's Story ··

한국   328

즐겁고 감사했던 우리의 한국 여행기를 들려 드릴게요.

아이들에 대한 기록   338

나는 아이들이 태어나면서부터 그들 각자의 삶에 대한 글을 쓰기 시작했습니다. 이 책에는 줄리안에 대한 기록을 중심으로 소개할게요.

칼릴 지브란의 시, 「아이들에 대하여」   346

내 마음속 깊은 곳에 감동을 준 시를 여러분께도 소개할게요.

감사의 말   351

애피타이저
Appetizers

1장

✘ ✘ ✘

벨기에에서는 좋은 음식을 먹으려고 친구들과 모일 때 레스토랑에 가기보다는 집에 초대해요. 보통 거주하는 집의 크기가 한국보다 큰 경우가 많기 때문에 가능한 일일 거예요. 이렇게 친구들과 파티를 열게 되면, 식탁에 모이기 전에 아페리티프와 아뮤즈 부슈 같은 애피타이저를 먹습니다. 아페리티프는 식사 전에 잔치 기분이 나는 순간, 즉 모인 사람들이 이야기할 거리가 많은 순간에 필요해요. 일반적으로는 초대된 사람들 사이에 명랑한 분위기를 만들기 위해 알코올이 들어간 음료를 마시지요. 흔히 샹파뉴나 발포 백포도주인 스페인의 카바, 이탈리아의 프로세코를 마십니다.

아페리티프를 마시면서 아뮤즈 부슈라고 불리는 음식을 먹습니다. 아뮤즈 부슈는 한입에 들어가는 작은 크기이고 식사를 시작하기 전까지 위장을 달래주는 역할을 해요. 주로 쟁반에 담아서 권하는 아뮤즈 부슈의 종류는 땅콩, 피스타치오, 비스킷 등 다양하지요. 아뮤즈 부슈가 유용한 이유는 알코올 음료를 마실 때 신맛으로 인한 자극으로부터 위벽을 지켜주고 장에 즉시 흡수되는 것을 지연시켜주기 때문이에요. 1장에서는 우리 집에 손님이 올 때 내가 자주 만드는 아뮤즈 부슈를 소개할게요.

지중해식 타불레
Mediterranean tabbouleh

타불레는 레바논의 전통 음식이며, 여기서 소개하는 레시피는 프랑스 지중해식입니다. 타불레는 주로 밀을 쪄서 빻은 다음 토마토와 파슬리, 민트, 레몬, 올리브오일을 넣어서 만들며, 그릴에 구운 양갈비나 기타 고기류에 곁들여 내기 좋습니다. 여름에 많이 먹으며 배부르고 간편한 식사 대용 음식으로 인기가 많습니다.

vegetarian food

Ingredient

4인분 기준 | 조리 시간: 15분

익힌 세몰리나 쿠스쿠스 … 200g

레몬즙 … 레몬 1/4개 분량

올리브오일 … 3큰술

오이 … 100g

토마토 … 50g

박하잎 … 9장

건포도 … 10~15개

소금 약간

쿠스쿠스는 밀가루의 일종인 세몰리나에 물과 소금을 뿌리면서 비벼 좁쌀 모양의 작은 알갱이로 만든 것이에요. 최근 인기 식재료로 주목받고 있어서 대형마트에 가면 어렵지 않게 구할 수 있습니다.

Recipe

1. 볼에 익힌 세몰리나 쿠스쿠스를 담고 레몬즙, 올리브오일을 둘러서 골고루 버무립니다.

2. 오이는 껍질을 벗겨 작게 썰고 토마토는 작게 다집니다.

3. 박하잎 5장을 곱게 다집니다.

4. 세몰리나 쿠스쿠스 혼합물에 오이, 토마토, 민트, 건포도를 더하여 골고루 섞어줍니다.

5. 냉장고에서 차갑게 식힌 다음 1인분씩 작은 유리잔에 담아서 남은 민트를 올려 장식하고 완성합니다.

쿠스쿠스

요구르트 소스를 곁들인 당근

Carrots with yogurt sauce

이 음식은 아이들이 아주 좋아하는 건강한 채소 스틱입니다. 당근을 싫어하는 사람도 요구르트 소스와 함께라면 충분히 맛있게 먹을 수 있어요. 요구르트 소스는 당근이 아닌 다른 채소 스틱에도 잘 어울립니다.

vegetarian food

Ingredient

4인분 기준 | 조리 시간: 15분

당근 ··· 300g

플레인 요구르트 ··· 5큰술

마요네즈 ··· 1큰술

간장 ··· 1작은술

✿ 이 레시피로 만든 요구르트 소스는 셀러리 스틱이나 방울토마토를 먹을 때 샐러드 드레싱으로 활용할 수 있습니다.

Recipe

1. 당근은 껍질을 벗기고 세로로 길게 4등분한 다음 6cm 길이로 썰어주세요.

2. 볼에 요구르트와 마요네즈, 간장을 넣고 섞어주세요.

3. 당근을 작은 유리잔 또는 접시에 담고 볼에 담은 요구르트 소스를 곁들여 냅니다.

4. 당근 스틱을 요구르트 소스에 찍어 먹습니다.

무당벌레
Ladybug

귀여운 모양을 한 카나페로 손님과 아이들의 애피타이저로 제격인 음식입니다. 신선한 채소와 고소한 치즈로 입맛을 돋울 수 있어요. 가족이 함께 모여 만들면 더욱 즐거운 시간을 보낼 수 있습니다.

vegetarian food

Ingredient

4인분 기준 (12개) | 조리 시간: 20분

방울토마토 ··· 6개

모차렐라 치즈 ··· 12장

씨를 제거한 블랙 올리브 ··· 6개

바질잎 ··· 12장

토스트 ··· 12개

발사믹 크림 ··· 1작은술

이쑤시개 ··· 1개

Recipe

1. 방울토마토와 블랙 올리브를 각각 반으로 자르고, 바질은 잎꼭지를 반으로 갈라 더듬이 모양을 만들어줍니다.

2. 접시에 다음 순서대로 담아주세요.

    1층: 토스트 1장
    2층: 모차렐라 치즈 1장
    3층: 바질잎 1장

3. 맨 위에는 방울토마토와 올리브를 나란히 놓아 무당벌레의 몸통과 머리 모양을 만들어줍니다.

4. 이쑤시개를 이용해서 발사믹 크림을 찍어 토마토에 검은 점무늬를 내 완성합니다.

퀴노아 비트 베린

Quinoa and beetroot verrine

유리컵에 담아서 내는 퀴노아 비트 베린은 전체적으로 예쁜 붉은 빛을 띠는 눈과 입이 즐거운 요리입니다. 만드는 과정은 매우 간단하지만, 맛과 모양은 어느 일품요리에도 뒤지지 않아서 유럽 사람들에게 매우 인기가 좋습니다. 유럽의 식당에서 메인 요리를 먹기 전에 자주 보게 될 거예요.

vegetarian food

Ingredient

4인분 기준 | 조리 시간: 30분

퀴노아 ⋯ 1/2컵

물 1컵 ⋯ 300ml

소금 ⋯ 1작은술

비트 ⋯ 150g

샬롯 ⋯ 1개 (또는 양파 20g)

다진 파슬리 ⋯ 2큰술

올리브오일 ⋯ 2큰술

화이트와인 식초 ⋯ 2큰술

- 퀴노아는 쌀의 2배 이상의 단백질을 함유하고 있어 최근 많은 이의 건강 음식으로 관심 받고 있답니다.
- 양파와 비슷하게 생긴 샬롯은 양파의 1/4 크기로, 양파보다 훨씬 강한 단맛을 지닙니다.

Recipe

1. 퀴노아를 찬물에 씻어주세요.

2. 작은 냄비에 물, 소금, 퀴노아를 담아 한소끔 끓이고 15분 동안 익혀주세요.

3. 비트는 끓는 물에 익힌 다음 작게 자릅니다.

4. 샬롯을 곱게 채 썰어주세요.

5. 큰 볼에 익힌 퀴노아, 비트, 샬롯, 파슬리, 올리브오일, 식초를 담고 골고루 섞습니다.

6. 냉장고에서 차갑게 식힌 뒤 1인분씩 작은 유리잔에 담아 숟가락과 함께 냅니다.

샬롯

프로방스식 올리브

Olives a la Provencale

프랑스 남부의 작고 매력적인 마을인 릴 쉬르 라 소르그를 여행하다가 이 레시피를 얻었답니다. 올리브의 짭짜름한 맛과 레몬의 상큼한 맛, 올리브오일의 고소함과 타바스코의 매콤한 맛이 한데 섞여 입맛을 돋우는 데 제격입니다. 쉽고 간단하게 프로방스의 맛을 즐겨보세요.

vegetarian food

Ingredient

4인분 기준 | 조리 시간: 15분

그린 올리브 (씨째) 통조림 1병 ··· 200g

마늘 ··· 1쪽

바질잎 ··· 8장

토마토 ··· 1/2개

올리브오일 ··· 3큰술

레몬즙 ··· 레몬 1/2개 분량

타바스코 약간

이 음식에는 씨를 제거하지 않은 올리브의 맛과 질감이 잘 어울립니다.

Recipe

1. 통조림에서 올리브를 꺼내 물기를 제거하고 볼에 담습니다.

2. 마늘과 바질잎을 곱게 다지고 토마토를 작게 썰어 볼에 더합니다.

3. 볼에 올리브오일, 레몬즙, 타바스코를 더해주세요.

4. 모든 재료를 골고루 섞어서 냉장고에 넣고 3시간 정도 차갑게 식힙니다.

5. 큰 볼에 담아서 나무 이쑤시개를 곁들여 냅니다.

바질

버섯 레몬 절임

Marinated mushrooms with lemon

비타민과 칼슘, 철분이 풍부한 버섯은 몸에 필요한 영양소를 충분히 공급할 수 있는 최고의 식재료입니다. 여기에 레몬과 올리브오일, 여러 가지 허브가 더해지면 풍부한 맛과 향을 가진 최고의 버섯 레몬 절임이 탄생합니다. 지금 당장 냉장고에 버섯이 남아 있는지 확인해보세요.

vegetarian food

Ingredient

4인분 기준 | 조리 시간: 15분

양송이버섯 ··· 250g

레몬즙 ··· 레몬 1/2개 분량

올리브오일 ··· 2큰술

마늘 ··· 2쪽

다진 생타라곤 (또는 냉동) ··· 1큰술

다진 생파슬리 ··· 1큰술

다진 타임 ··· 1작은술

소금 ··· 1작은술

타바스코 약간

✿ 여기 적힌 허브를 전부 구할 수 없다면 있는 것만으로 만들어도 좋습니다.

Recipe

1. 양송이버섯을 얇게 썰어주세요.

2. 버섯에 레몬즙과 올리브오일을 뿌립니다.

3. 마늘을 곱게 다져 더합니다.

4. 허브 재료와 타바스코를 더하여 골고루 섞어주세요.

5. 냉장고에서 6시간 정도 차갑게 보관합니다.

6. 작은 유리잔에 1인분씩 담아서 냅니다.

생타라곤

초리조를 더한 멕시코식 과카몰리

Mexican guacamole with chorizo

최근 한국에서도 인기를 끌고 있는 아보카도와 토르티야 칩으로 만드는 맛과 영양이 뛰어난 애피타이저입니다. 레몬즙이 아보카도의 고소한 맛과 어우러져 침샘을 자극합니다. 참, 고수의 향을 좋아하지 않는 사람은 고수를 빼고 먹어도 좋습니다.

Ingredient

4인분 기준 | 조리 시간: 15분

아보카도 ··· 2개

고수 ··· 6줄기

레몬즙 ··· 레몬 1/2개 분량

간장 ··· 2작은술

타바스코 약간

토르티야 칩 적당량

초리조 적당량

❋ 이 음식은 냉장고에 30분~1시간 정도 보관할 수 있지만 갈변되기 쉬우므로 너무 오래 두지 않는 것이 좋아요.

Recipe

1. 아보카도는 껍질을 벗기고 씨를 제거한 다음 볼에 넣고 포크로 으깹니다.

2. 고수를 곱게 다지고 레몬즙, 간장, 타바스코와 함께 볼에 더해 골고루 섞어주세요.

3. 작은 유리잔에 1인분씩 나누어 담고 초리조를 얇게 썰어 장식한 다음 토르티야 칩을 곁들여 냅니다.

초리조

Veronique's Story
가족

우리 집에 오신 걸 환영해요. 모든 가족에게는 이야기가 있습니다. 그리고 이 모든 시작은 단순한 만남에서 시작되었지요.

도미니끄와 나는 1976년 벨기에의 어느 대학 캠퍼스에서 만났답니다. 학생 신문에서 대규모의 학생축제가 열린다는 걸 알았던 도미니끄는 당시 그의 여자 친구와 학교에 와 샌드위치를 파는 가판대에 기대 있었어요. 그의 여자 친구가 다른 가판대 쪽에 가서 음식을 기다리고 있을 때, 난 굶주린 손님들에게 낼 샌드위치를 만드느라 일손이 부족한 상황이었어요. 그와 나를 서로 아는 친구가 와서 내게 일손이 필요하지 않냐고 물었어요. 그렇게 도미니끄와 나는 함께 샌드위치를 만들게 되었어요. 불과 5분 전만 해도 모르는 사이였는데 말이지요.

몇 달이 지나고 도미니끄가 소식을 전해왔어요. 그리고 어느 멋진 날에 우체국에서 작은 소포가 온 거예요. 안에는 작은 갈색 병이 예쁘게 포장되어 있었어요. 그

병은 마치 약국에서 쓰는 플라스크 같았어요. 나는 그 병의 뚜껑을 열어 병을 뒤집어보았지요. 그 안에서 모래가 쏟아져 나오더니 작게 돌돌 말린 것이 정성스럽게 병 안에 담겨 있었어요. 그것을 꺼내 펼쳐보았는데, 불규칙한 모양이 마치 오래된 양피지 같았지요. 거기에는 파란색 잉크로 다음과 같은 메시지가 적혀 있었습니다.

> 베로니끄, 네 옆에서 보냈던 순간이 참 좋았어. 샌드위치 준비하느라 바빴지만 말이지. 만약에 네가 원한다면 우리가 다시 만나길 바라. 나는 '우연'의 도움으로 이 메시지를 병에 넣고 바다에 그 방향을 맡기는 심정이야. 갯벌과 파도 덕분에 병 속의 메시지는 여행을 하겠지. 어쩌면 물에 영영 빠질 수도 있고, 만약 어느 날 이 '우연'이란 작은 알갱이가 많은 알갱이가 되면 꽃을 피울 수 있을 거야.

그 다음의 이야기는 여기에 다 쓰기에는 조금 길어요. 우리는 다시 만났고 결코 헤어지지 않았지요. 3년 뒤에(그게 벌써 40년도 넘은 이야기네요!) 동화 속 이야기처럼 어느 멋진 성에서 결혼식을 올렸고, 마튜와 마엘, 줄리안을 낳고 행복하게 살았답니다.

베로니끄 부부와 자녀들

모든 부모는 첫 번째 아이를 통해 세상을 만난다

결혼하고 나서 얼마 지나지 않아 마튜가 태어났습니다. 비범한 산파이자 전문적인 손놀림의 크리스틴의 도움으로 집에서 아이를 낳을 수 있었어요. 도미니끄와 한 명의 친구가 찾아와 나의 해산을 도왔습니다. 나는 간호사였음에도 아이 셋을 모두 집에서 낳았어요. 임신했을 때 특별한 문제가 생긴 게 아니라면 의료 시설은 필수적인 요소가 아니었어요. 이를테면 링거, 마취, 태아 모니터링 등 말이에요. 나는 그 모든 것을 전혀 원하지 않았고, 오히려 그것들이 여성으로서의 본능과 자유로운 움직임을 방해한다고 생각했어요. 다행히 막내 줄리안까지 모든 과정이 순조로웠지요.

아이가 생기면 부부의 삶은 완전히 요동쳐요. 낮이나 밤이나 정신이 없고, 때로는 쓰나미가 지나간 것처럼 엉망이 되기도 해요. 그리고 아주 조금씩, 아이가 자라 자신만의 세계를 만들면서 모두가 조금은 나은 삶을 살게 됩니다. 아이들이 자라가고 매일 인생을 알아가는 모습을 보는 것은 정말 감탄할 만한 일입니다.

뒤죽박죽을 용서하세요, 아이들은 기억을 만들어가는 중이랍니다

우리는 벨기에의 리에주 근처에 마흔 가구가 인접한 작은 마을에 살아요. 우리 마을은 아주 멋진 산책이 가능한 자연 보호 구역을 향해 뻗어 있어요. 우리 집은 건강한 만큼 깨끗하고 행복한 만큼 지저분합니다. 나는 집이란 무엇보다 식구들이 편안함을 느끼는 장소여야 한다고 생각해요. 아이들 친구는 언제나 환영받지요.

그들과 함께 파티도 열고 집을 빌려주거나 정원에 텐트를 치고 캠핑을 해요. 가끔 아이들이 분장하고 작은 연극을 기획하기도 해요. 음식은 언제나 넉넉히 준비해두려고 합니다. 만남의 끝 무렵엔 항상 음식이 더 필요하니까요. 우리 집에는 미국, 멕시코, 브라질, 한국, 일본 등 다양한 나라에서 벨기에로 1년 동안 공부하러 온 유학생들이 몇 달 동안 머물다 간 적도 있어요.

가족이란 나뭇가지처럼 모두 다양한 방향을 향해 자라 가지만 그 뿌리는 하나뿐이다

우리가 큰 집에서 살게 된 덕분에 혼자 사시기 너무 연세가 있으신 시어머니를 모실 수 있었습니다. 우리가 마련한 공간에서 8년 동안 함께 지내셨지요. 시어머니는 노인들이 가득한 양로원이 아닌 자식과 손주들 틈에 둘러싸여 94세까지 계실 수 있었어요. 우리는 시어머니께서 떠나신 다음에 우리 건물의 일부를 휴양소로 정비했어요. 전 세계에서 온 분들을 맞이하는 주인이 되었고, 그 중 한국 분들도 며칠이나 몇 주 동안 휴가를 보내다 가시지요. 소개하자면 내가 사는 지역은 관광객들에게 인기가 매우 많아요. 여기저기 거닐며 대자연 속에 흠뻑 빠져들 수 있거든요. 내가 직접 운영하는 우리 집의 홈페이지 주소는 www.gitecocoon.com입니다. 도착한 여행객들을 맞이할 때 큰 보람을 느껴요.

우리가 살고 있는 벨기에의 집

쇼는 계속됩니다

가족들이 사는 곳을 떠올리지 않고 가족에 대해 말한다는 건 어불성설이에요. 자연의 드넓은 정원이 있는 집에서 사는 삶과 도심의 아파트에서 사는 삶은 분명 달라요. 우리 집은 대가족의 집이고, 세월이 지나면서 여러 사건이 펼쳐지는 극장이에요.

이제 어린 새들은 가족이라는 둥지에서 멀리 날아갔어요. 마튜는 바르셀로나로, 마엘은 브뤼셀로, 줄리안은 서울로요. 이제 나와 도미니끄 둘만이 식탁을 지킬 때가 많아요. 행복하게도 도미니끄와 나는 여전히 두 눈에 박힌 많은 별을 세어보며 얼굴을 맞대고 저녁 식사하는 기쁨을 느껴요. 가능하면 더 자주 자동차나 비행기로 함께 하는 기쁨을 맛보고 싶고, 세 명의 손주인 테오, 미아, 율리시스의 첫걸음을 직접 지켜보고 싶어요.

인생은 계속돼요. 쇼도 계속되어야 해요.

집 정원에서의 두 사람

손주 테오와 도미니끄

Veronique's Story
유기농 식품

농업은 건강에 대한 첫째 활동이 되어야 하며
농부는 의사를 능가해야 한다.

_피에르 라비

유기농 식품과 무공해

나는 1970년대 중반에 간호학을 공부하면서 세 명의 친구와 함께 작은 집에 살았어요. 우리 모두 채식주의자였고 나는 그때부터 무공해 식품에 관심이 있었지요. 유기농 식품은 화학 비료나 농약 없이 재배되어야 하며 유전자 변형 농산물 GMO이 포함될 수 없습니다.

유기농 식품은 건강에 어떤 도움을 줄까요?

유기농 식품은 화학 비료나 농약을 쓰지 않았기 때문에 비유기농 식품보다 영양가가 훨씬 풍부해요. 과일과 채소에는 더 많은 비타민과 미네랄, 항산화제를 포함하고 있고 피부 노화를 더디게 해줍니다. 물론 잘 익은 다음 수확되기 때문에 풍미도 더욱 좋습니다. 유기농 우유와 고기류는 필수 영양소인 오메가-3가 훨씬 풍부하며, 특히 유기농 고기에는 심혈관 질환의 위험을 늘리는 포화지방이 덜 함유되어 있습니다.

유기농은 지구를 위한 최선이에요

농약과 화학 비료를 많이 사용하면 토양이 척박해지고 생물이 살 수 없게 되어 토양과 생물의 다양성이 없어져요. 유기농은 친환경적인 비료를 만들어 토양에 영양을 공급하고 침식을 막아줍니다. 또한, 각 지역의 상황에 맞게 다양한 농업을 할 수 있으며 화학 비료와 농약으로 인한 지하수 오염이 없어서 농업에 사용하는 물을 아끼고 수질 정화에 드는 돈도 줄일 수 있어요. 유기농 식품은 토양에 저장된 태양과 아침 이슬의 영양으로 자라난 것이지만, 비유기농 식품은 흔히 화학 비료로 만들어진 죽은 땅에서 길러진 것입니다.

생산 절차를 줄여 불필요한 포장과 탄소를 줄여요

2004년부터 2014년까지 10년 동안 벨기에 남부에서 유기농으로 농산물을 생산하는 토양은 2만 헥타르에서 6만 헥타르로 세 배나 많아졌어요. 벨기에 대부분의 마켓에서는 유기농 채소와 식품을 만날 수 있어요. 젊은 농부들이 유기농으로 생산된 과일과 채소를 직접 상점이나 지역 장터에 판매하고 있지요.

생산물이 소비자에게 전달되는 절차가 단순해지면서 자동차, 배, 비행기 등의 운송수단에서 발생하는 탄소의 양이 줄었으며, 온실효과를 일으키는 다른 공해도 줄었어요. 소비자는 자신이 먹을 식품의 생산자를 직접 만나 농산물이 어떻게 재배되었는지 알게 되니 더욱 믿고 먹을 수 있지요. 또한, 벨기에서는 지역에서 생산된 계절 과일과 채소는 슈퍼마켓에서 판매되는 같은 품질의 유기농 제품보다 저렴합니다.

마천루의 지붕에서 채소를 키우다

단순해진 생산 절차에 혜택을 주기 위해서 지역 및 도시농업은 엄청난 노력을 하고 있습니다. 미국 뉴욕에서는 건물 옥상에 여러 농가와 교외 채소밭을 만들어 그 본보기를 보여주고 있어요. 이렇게 만들어진 채소밭이 무려 5,000제곱미터를 넘었어요. 과일이나 채소뿐만 아니라 암탉을 기르기도 하고 양봉을 하기도 해요.

마천루 농장에서 재배된 생산물은 지역 사회나 레스토랑, 기업, 소매업 등으로 유통됩니다. 채소밭으로 바뀐 지붕은 식료품을 만들어내는 것 말고도 건물의 실내 공기를 조절해서 에너지를 아끼고 도심의 기온을 조절하거나 공기의 질을 개선하는 역할도 합니다. 빗물을 저장해서 홍수를 피하는 데 도움이 되기도 하고 폐기물을 재활용하는 방안으로 활용되기도 해요. 싱가포르에서부터 홍콩, 몬트리올, 런던, 파리 등 도시의 원예가들이 거대도시의 지붕을 쟁취하기 위해 각종 사업을 펼치고 있어요.

몇 년 전부터 서울에서도 행정자치단체의 지지로 건물 옥상에 점점 더 많은 정원을 만들어내는 창조적인 녹색 혁명이 시작되고 있다고 들었어요. 서울은 인구 밀도가 정말 높은 도시기에 자연과의 긴밀한 접촉을 다시 회복하기 위해서 높은 곳에 만든 공원과 정원에 벌과 나비가 날아다닐 수 있게 해야 할 것입니다.

내 채소밭이 좋아요

시골에 살면서 작은 텃밭을 가꿉니다. 땅을 존중하고 땅에서 일하는 것이 좋으니까요. 정원에서 방금 딴 신선한 과일과 채소를 맛보는 것보다 좋은 게 없어요. 모든 음식물 쓰레기는 정원의 퇴비로 쓰여요. 이것들이 조금씩 분해되어서 꽃과 나무에 영양을 주는 좋은 퇴비가 됩니다. 그렇게 자연의 순환을 존중할 수 있어요. 아파트에서도 농사를 지을 수 있습니다. 우리 부부가 도심의 아파트에 살았을 때, 토마토와 체리, 상추, 완두콩, 당근, 시금치, 딸기 등을 화분에서 키웠어요. 또 파슬리, 타임, 바질, 산파, 박하와 같은 허브도 키웠지요.

발아 씨앗

여러분의 집에서 발아 씨앗을 싹트게 하는 건 정말 쉬워요. 씨앗마다 더 크고 건강에 좋은 식물로 자랄 수 있는 힘이 잠재되어 있고 그것이 자라는 과정을 지켜보는 일도 정말 재미있지요. 씨앗은 자라면서 비타민, 미네랄 등 각종 영양소의 양을 놀라운 방식으로 증가시켜요. 3~4일 동안 싹을 틔운 렌틸콩 씨앗은 비타민 C가 20배가 늘어난다고 해요. 또한, 아미노산과 항산화 물질, 식이섬유도 풍부하고 소화를 돕는 효소도 많이 들었다고 합니다. 렌틸콩 씨앗은 샐러드로 씨눈까지 먹을 수 있어서 여러분의 식사에 멋진 보충제가 될 거예요.

우리의 유기농 식품 가게

1983년에 나와 도미니끄는 우리가 살던 마을 근처에 있는 에와유라는 작은 도시에서 유기농 식품, 약초, 식이요법 제품을 판매하는 가게를 운영하기 시작했어요. 당시에는 이런 가게를 차리는 경우가 드물었기에 우리는 거의 선구자 같은 역할을 했지요. 우리 가게에는 약용 식물, 자연 치료제, 건강과 채식주의 관련 서적 등이 진열되었어요. 8년 동안 가게를 운영하면서 손님들에게 건강한 식품을 권유하는 것이 어렵지 않게 되었어요.

유기농은 더 비쌀까요?

보통 유기농 식품이 일반 식품보다 더 비쌉니다. 하지만 가격 때문에 멈춰서는 안 됩니다. 채소나 과일 같이 더욱 건강한 식품을 많이 먹는 게 결과적으로 우리의 재정과 건강에 도움이 됩니다. 무엇보다 우리는 너무 많이 먹고 붉은 고기에는 지

베로니끄 부부가 운영했던 유기농 식품점의 그림

나치게 많은 포화 지방산이 들어있거든요. 육류와 같은 동물성 단백질 대신에 렌틸콩, 강낭콩과 같이 영양학적으로 동일한 질의 식물성 단백질로 바꿔 먹으면 쉽게 유기농 식품을 만날 수 있습니다. 또한, 제철 과일과 채소를 사고 적당량의 음식만 만들어 먹는 것도 우리의 식비를 줄이고 더욱 건강한 생활을 하는 데 도움이 돼요. 유기농 제품의 선택은 우리가 늘 고마워해야 하는 지구를 위한 투자랍니다.

지구를 위한 메시지

마지막 나무가 쓰러지고 마지막 강물이 부패하고 마지막 물고기가 잡히면 우리는 비로소 돈을 먹을 수 없다는 사실을 알게 된다.

_제로니모

전채 요리
Starters

✖ ✖ ✖

전채 요리는 준비 시간이 긴 메인 요리를 기다리는 동안 식사의 초반에 제공하는 음식입니다. 보통 가볍고 차갑게 먹으며 각종 채소나 과일, 날생선 등 열을 가하지 않은 음식으로 이루어집니다.

벨기에에서는 잔치에서 항상 전채 요리를 먹지만, 일상에서는 전채 요리를 생략하고 메인 요리만 먹거나 메인 요리를 먹기 직전에 수프를 먹습니다. 2장에서는 저와 함께 벨기에, 이탈리아, 멕시코, 모로코의 전채 요리를 살펴보세요.

멕시코식 세비체

Ceviche from Mexico

세비체는 남미 사람들이 즐겨 먹는 생선을 이용한 샐러드입니다. 익히지 않은 신선한 생선 살과 채소가 어우러져 입안 가득 바다향을 선물하는 요리지요. 부드러운 식감의 생선 살과 바삭한 식감의 크래커도 매우 잘 어울립니다. 무더운 여름철에 상큼함을 선물하는 이 요리는 요즘 유럽에서 큰 인기를 끌고 있습니다.

Ingredient

6인분 기준 | 조리 시간: 15분

흰살생선 살코기 ··· 500g

레몬즙 ··· 레몬 2개 분량

양파 ··· 50g

토마토 ··· 1개

오레가노 ··· 1~2작은술

올리브오일 ··· 2큰술

생고수 ··· 5줄기

타바스코 약간

소금 약간

사각형 크래커 ··· 6개

✿ 오레가노는 독특한 향과 쌉쌀한 맛을 지닌 식물로, 피자나 파스타 등 다양한 요리에 향신료로 사용됩니다.

Recipe

1. 생선 살을 작게 깍둑썰기 합니다.

2. 속이 깊은 그릇에 생선 살을 담고 레몬즙에 버무려 생선 살이 레몬즙에 가볍게 익도록 합니다.

3. 생선 살에 소금을 살짝 뿌린 뒤 냉장고에 넣어서 1시간 정도 차갑게 보관합니다.

4. 양파와 토마토는 작게 잘라주세요.

5. 생선 살을 꺼내 레몬즙을 적당히 제거한 뒤 양파, 토마토, 오레가노, 올리브오일을 더하고 타바스코를 취향에 따라 몇 방울 뿌립니다.

6. 접시 또는 볼에 담아서 생고수로 장식하고 크래커를 곁들여 완성합니다.

오레가노

이탈리아식 토마토 모차렐라 샐러드

Tomatoes, mozzarella Italian style salad

한국인들에게도 매우 익숙한 요리가 아닐까 싶습니다. 그만큼 전 세계적으로 그 맛을 인정받은 이탈리아의 대표적인 요리라고 할 수 있지요. 토마토의 상큼함과 모차렐라 치즈의 고소함, 강한 짠맛과 신맛을 가진 케이퍼가 어울려 이탈리아 반도의 따스한 햇살을 떠올리게 합니다.

vegetarian food

Ingredient

4인분 기준 | 조리 시간: 15분

토마토 ··· 3개

생모차렐라 치즈 (덩어리) ··· 2개

루꼴라 ··· 1줌

식초 보존 케이퍼 ··· 2큰술

올리브오일 ··· 2큰술

바질잎 ··· 1/4컵

소금, 후춧가루 약간

❀ 케이퍼는 겨자 같은 매운맛과 상큼한 맛을 지닌 식물로, 꽃봉오리 부분이 향신료로 활용됩니다. 주로 식초에 절여서 사용하며 육류나 생선의 비린내를 없애주는 효과가 있습니다.

Recipe

1. 토마토와 모차렐라 치즈를 얇게 저미고 접시의 가장자리에 토마토와 치즈를 조금씩 겹치며 링 모양으로 담습니다.

2. 바질잎을 찢어서 토마토와 치즈 위에 골고루 뿌립니다.

3. 소금과 후춧가루를 뿌려 간을 해주세요.

4. 그 위에 케이퍼를 전체적으로 뿌려주세요.

5. 토마토와 치즈 링 가운데 빈 부분에 루꼴라를 한 줌 담아주세요.

6. 올리브오일을 약간 둘러서 완성합니다.

케이퍼

햄을 채운 토마토

Tomatoes stuffed with ham

벨기에 사람들은 햄을 매우 좋아합니다. 토마토 속에 무언가를 넣어 요리하는 것도 좋아하지요. 햄 대신 4월부터 9월까지 북해에서 잡히는 조그마한 회색 새우를 토마토 속에 넣어 만드는 요리도 벨기에 사람들은 즐겨 먹습니다. 여러분도 토마토 속에 각자 좋아하는 재료를 넣어 특별한 요리를 만들어보세요.

Ingredient

4인분 기준 | 조리 시간: 15분

토마토 ... 4개

햄 ... 4장

달걀 ... 2개

마요네즈 ... 2큰술

파슬리 ... 4큰술

소금, 후춧가루 약간

양상추 ... 4장 (선택 사항)

Recipe

1. 햄을 끓는 물에 익힌 다음 작게 잘라주세요.

2. 달걀을 끓는 물에 10분 동안 익혀 건진 다음 껍질을 벗기고 포크로 으깹니다.

3. 볼에 햄과 달걀, 마요네즈, 파슬리, 소금, 후춧가루를 넣고 골고루 섞어주세요.

4. 토마토를 반으로 자르고 속을 파낸 다음 단면에 소금과 후춧가루를 뿌립니다.

5. 토마토 속에 햄 혼합물을 채워주세요.

6. 접시에 바로 담거나 양상추를 깔고 그 위에 토마토를 얹어 완성합니다.

속을 채운 삶은 달걀
Stuffed boiled eggs

아이들도 만들 수 있을 정도로 재료가 간단하고 만드는 과정이 쉬워서 온 가족이 함께 요리할 수 있습니다. 마늘을 으깨어 넣기 때문에 마늘 향이 강한 편입니다. 중독성 있는 안초비의 짭조름한 맛이 별미지만, 안초비 맛을 싫어하는 사람은 빼도 좋습니다.

Ingredient

4인분 기준 | 조리 시간: 15분

달걀 ··· 4개

마늘 ··· 2쪽

오일 보존 안초비 살코기 통조림 ··· 1개 (50g)

샐러드 채소 적당량

🌸 안초비는 멸치류의 작은 물고기, 또는 그 물고기를 절여서 발효시킨 젓갈을 뜻합니다. 유럽에서는 안초비를 파스타나 샌드위치 등에 넣어 먹기도 합니다.

Recipe

1. 끓는 물에 달걀을 넣어 10분 동안 삶습니다.

2. 삶은 달걀을 건져서 껍질을 벗긴 다음 길게 2등분하고 노른자는 꺼내서 으깨주세요.

3. 마늘을 으깨고 안초비를 작게 다집니다.

4. 달걀노른자에 마늘, 안초비, 안초비 보존용 오일 2작은술을 더하고 포크로 골고루 잘 섞어주세요.

5. 삶은 달걀흰자의 빈 곳에 혼합물을 채웁니다.

6. 그릇에 채소를 깔고 달걀을 얹어서 완성합니다.

안초비 통조림

훈제 송어 연어 파테

Smoked trout and salmon pâté

줄리안의 고모가 크리스마스 날 저녁으로 자주 만든 요리입니다. 연어와 송어가 새로운 모습으로 다시 태어나는 걸 보면 놀라움을 감출 수 없지요. 비교적 손이 많이 가는 요리지만, 한 번 맛보면 절대 잊을 수 없는 특별한 맛을 선물할 거예요.

Ingredient

8인분 기준 | 조리 시간: 30분

훈제 송어 살코기 ··· 4개 (200g)

훈제 연어 슬라이스 ··· 2장 (100g)

액상 크림 ··· 100ml

생선 육수 ··· 200ml

곱게 다진 샬롯 ··· 2개 (또는 양파 50g)

젤라틴 ··· 5장 (11cm x 7cm)

휘핑한 크림 ··· 150ml

소금, 후춧가루 약간

레몬즙 ··· 1개 분량

샐러드 채소 적당량

식빵 ··· 8장

테린 틀 ··· 1개 (24cm x 10cm x 6cm)

Recipe

1. 볼에 젤라틴이 잠길 만큼 물을 붓고 젤라틴을 넣어 불립니다.

2. 송어 살코기와 생선 육수, 크림, 샬롯을 골고루 섞어 냄비에 넣고 훈제 연어 슬라이스 1장을 잘게 잘라서 더한 뒤 10분 동안 익힙니다.

3. 불린 젤라틴을 건져서 냄비에 더하여 잘 섞으며 녹인 다음 냄비 속 내용물을 핸드 블렌더나 믹서를 이용해 곱게 갈아주세요.

4. 혼합물을 볼에 옮겨 담고 소금과 후춧가루, 레몬즙을 넣어 간을 합니다.

5. 휘핑한 크림을 더하여 스패출러로 천천히 접듯이 섞어주세요.

6. 테린 틀에 송어 혼합물을 한 켜 깐 뒤 남은 훈제 연어를 잘게 잘라서 얹고 송어 혼합물을 다시 한 켜 깔아주세요.

7. 냉장고에서 하룻밤 동안 차갑게 굳힙니다.

8. 파테를 두껍게 썰어 접시에 담고 채소와 식빵을 곁들여 완성합니다.

비트와 호두를 더한 마타리 상추 샐러드

Lamb's lettuce with beetroot and walnuts

호두의 딱딱한 식감과 비트의 부드러운 식감, 그리고 샐러드의 아삭아삭한 식감이 고루 섞여 재미와 건강을 동시에 챙길 수 있는 아주 건강한 요리입니다. 특히 슈퍼 푸드로 알려진 비트는 유럽에서 주스 재료로 큰 인기를 끌 만큼 건강한 식재료입니다.

vegetarian food

Ingredient

4인분 기준 | 조리 시간: 15분

마타리 상추 (콘샐러드) **또는 샐러드 채소** ⋯ 250g

익힌 비트 ⋯ 2개

샬롯 ⋯ 1개 (또는 양파 25g)

호두 ⋯ 10개

엑스트라 버진 올리브오일 ⋯ 4큰술

발사믹 식초 ⋯ 4큰술

소금, 후춧가루 약간

✿ 마타리 상추는 콘샐러드라고도 불립니다. 샐러드에 아주 잘 어울리며 독특하게 톡 쏘는 맛을 내는 것이 특징입니다. 크기와 모양이 양의 혀와 닮아서 램스레터스 lamb's lettuce 라고도 합니다.

Recipe

1. 마타리 상추를 꼼꼼하게 씻어서 물기를 제거합니다.

2. 비트를 작게 자르고 샬롯을 가늘게 채 썰어주세요.

3. 볼에 마타리 상추와 비트, 샬롯을 담습니다.

4. 올리브오일과 식초, 소금, 후춧가루를 더하여 골고루 버무립니다.

5. 호두를 섞은 다음 접시에 옮겨 담아 완성합니다.

마타리 상추

벨기에식
참치를 채운 복숭아
Belgian tuna peaches

벨기에의 거의 모든 식당에서 볼 수 있는 대중화된 음식입니다. 여름이 되면 마트에서 복숭아 통조림을 구할 수 없을 정도로 인기를 끄는 요리지요. 복숭아의 달콤함과 참치의 짠맛이 지금껏 경험하지 못한 독특한 맛을 선물할 거예요.

Ingredient

4인분 기준 | 조리 시간: 20분

반으로 자른 복숭아가 담긴 통조림 ··· 1캔 (복숭아 8조각 분량)

참치 통조림 ··· 1개 (200g)

마요네즈 ··· 2큰술

파슬리 ··· 2큰술

곱게 다진 셀러리 ··· 2큰술

다진 샬롯 ··· 1개 (또는 다진 양파 25g)

소금, 후춧가루 약간

양상추 ··· 4장

❀ 이 레시피로 만든 참치 샐러드는 빵에 발라 먹어도 맛있어요.

Recipe

1. 참치 통조림을 열어 국물을 제거하고 참치를 포크로 잘게 부숴주세요.

2. 참치에 마요네즈, 파슬리, 셀러리, 샬롯, 소금, 후춧가루를 더하여 골고루 섞어주세요.

3. 통조림에서 꺼낸 반쪽짜리 복숭아의 오목한 부분에 참치 혼합물을 담습니다.

4. 냉장고에서 1시간 정도 차갑게 식힌 다음 접시에 담아 완성합니다.

모로코식
토마토 오이 샐러드

Moroccan tomatoes and cucumber salad

신선한 양파와 오이, 토마토, 레몬을 이용해 아주 빠르게 만들 수 있는 요리입니다. 서울 이태원에 위치한 중동 식당에서도 자주 볼 수 있지요. 나라마다 레시피가 조금씩 다른데 여기에서는 모로코식을 소개하도록 할게요.

vegetarian food

Ingredient

4인분 기준 | 조리 시간: 15분

오이 ⋯ 1개

토마토 ⋯ 3개

샬롯 ⋯ 2개 (또는 양파 50g)

올리브오일 ⋯ 3큰술

식초 ⋯ 3큰술

커민 가루 ⋯ 3작은술

소금, 후춧가루 약간

※ 이 요리의 재료에서 커민 가루를 빼고 깍둑 썬 페타 치즈와 블랙 올리브를 더하면 그리스식 샐러드가 됩니다.

Recipe

1. 오이는 껍질을 벗기고 작게 잘라주세요.

2. 토마토와 샬롯을 작게 자릅니다.

3. 볼에 오이, 토마토, 샬롯을 넣고 커민 가루와 소금, 후춧가루를 뿌려 간을 합니다.

4. 올리브오일과 식초를 더한 다음 모든 재료를 조심스럽게 버무려 완성합니다.

커민 가루

Veronique's Story
모로코

북아프리카의 이 나라는 내가 가장 좋아하는 곳입니다

아빠의 친구분이신 장 페리 아저씨가 모로코에 계세요. 아저씨는 비범함과 유머러스함을 갖춘 모험가시지요. 아빠와 마찬가지로 엔지니어로, 모로코에서 일하신 장 아저씨는 내게 제2의 아빠와도 같은 분이랍니다.

스무 살, 모로코로 떠나다

스무 살이 되던 해인 1975년, 나는 벨기에를 떠나 북모로코의 테투안으로 향하는 기차에 홀로 몸을 실었어요. 프랑스를 횡단하여 스페인과 지중해를 건너 북아프리카에 다다랐지요. 모로코의 첫인상은 성서 시대로 돌아간 듯 이국적이며 매력적이었어요. 남녀 할 것 없이 망토형 원피스에 두건이 달린 모로코 전통 의상 젤라바를 입고 있었어요. 수레를 끄는 당나귀, 향신료 냄새가 진동하는 시장, 흙으로 만든 집들이 늘어서 있었답니다.

 장 아저씨는 수도인 라바트에서 약 85킬로미터 떨어진 소도시 케미세트 인근 다엣 호숫가에 돌집을 지었어요. 장의 동반자 파티마는 북아프리카에 거주하는 베르베르족이며, 이들은 그의 집 근처의 검은 텐트촌에 거주해왔다고 했어요.

 매일 아침, 나는 어린 소녀들의 즐거운 눈길을 느끼며 사기로 만들어진 큰 그릇에 손수 빵 반죽을 했고 나무 화덕에 빵을 구웠답니다. 아직 채 식지 않은 그릇에 이 동그란 빵을 나누는 기쁨은 이루 말할 수 없지요. 텐트촌에서 여인들과 함께 음식을 만들고는 했어요. 최소한의 기구만이 갖춰져 있었지만 채소, 닭고기, 향신료가 담긴 큰 솥과 흙으로 만들어진 야외의 대형 화덕에서는 좋은 냄새가 가득했지요.

도미니끄와 함께한 모로코

 나와 남편 도미니끄는 수차례 모로코를 오가며 장과 파티마와 함께 멋진 시간을 보내고는 했어요. 사하라 사막의 관문 남모로코까지 좁은 길을 차로 달려, 쿠스쿠스와 타진 등 이 나라의 전통 음식을 나눈 기억은 잊히지 않는 즐거움이랍니다. 우리는 마치 왕족과 같은 대접을 받았거든요. 모로코 사람들은 진심으로 따스하게 우리를 환대했어요. 장 아저씨 덕분에 벨기에와는 완전히 다른 이 나라의 따뜻함과 복잡함을 이해하게 되었고요.

모로코 전통 빵 반죽을
만들고 있는 베로니끄

우리의 모험을 함께 한 가족과
미니버스

사하라 사막으로 향하는 미니버스

우리는 젊었을 때부터 늘 조금 흥분된 계획을 세우고 있었어요. 이를테면 사하라 이남의 블랙 아프리카인 니제르로 가기 위해 7월에 사하라를 관통하는 계획 같은 것이었지요. 우리는 대단한 착각을 하고 있었어요. 여름에 사하라 사막 온도는 50도에 달했고 이런 모험에 대처하기에 차는 너무 둔했어요. 하지만 1976년, 이걸 해내고야 말았답니다. 그 과정은 다음과 같아요.

제1단계: 차 구입

우리는 숙박이 가능한 제법 큰 크기의 차를 찾아야 했어요. 도미니끄는 길가에서 '판매 중'이라고 붙어 있는 17인승 오렌지 색 미니버스를 보자마자 그 힘센 풍채에 호감을 느꼈다고 해요. 남편은 그 차를 사서 개조했어요. 내부에는 요리용 화덕과 포근한 침대를 놓았고 아름다운 별을 보며 잠들 수 있도록 버스 지붕에 매트리스를 설치했지요. 경유 25리터짜리 4통, 여러 개의 물통, 교환용 타이어 4개, 알루미늄으로 된 모래 파내기 판, 삽, 혹시 모를 기계 교환을 위한 부품들까지 완벽한 모험가를 위한 풀 세트를 장착해 아프리카 일정을 소화할 준비를 마쳤어요.

제2단계: 금전 계획

도미니끄는 부모와 일곱 명의 아이로 구성된 브뤼셀에 사는 한 가족이 매년 모로코를 방문한다는 사실을 알았고, 그들에게 우리와의 동행을 제안해야겠다는 생각을 했대요. 그리하여 11명이 버스에 올랐고 이들의 짐도 싣게 되었지요. 가족들과 친구들에게 줄 양탄자, 자전거, 모든 종류의 살림살이 등등 모든 짐을 미니버스 지붕에 실었더니 차의 높이는 1미터를 거뜬히 넘기고 무게 또한 엄청났어요.

제3단계: 횡단

프랑스와 스페인을 가로질러 마침내 스페인의 마지막 도시인 알헤시라스에 도착했어요. 그곳에서 지중해를 건널 페리보트를 예약했지요. 우리 일행은 가끔 차를 멈추고 낮잠을 자기도 하고 길거리에서 소풍을 즐기기도 하면서 여행을 계속했어요.

모로코에 도착하다

'지중해 횡단선'이라 할 수 있는 우리의 미니버스는 알헤시라스에서 2시간을 또 달려서 유럽과 아프리카 사이의 상업 교류를 맡은 북모로코의 대항구인 탕헤르에 도착했어요. 브뤼셀에서부터 2,300킬로미터나 떨어진 이곳에서 며칠의 휴식 시간을 보내며 모로코 가족들과 삶을 나누었고요. 테라스 바닥에 자리를 잡고 굵은 밀가루와 채소를 기본 재료로 한 모로코의 국민 음식인 쿠스쿠스를 손으로 먹었습니다. 또 박하 향의 전통 차와 오렌지 나무 꽃 향의 차에 꿀과 아몬드가 섞인 작은 과자를 곁들여 먹었답니다. 손으로 짠 다채로운 색의 베르베르 양탄자를 깔고 바닥에서 잠을 자기도 했어요. 어느새 호스트들의 휴가가 다가왔고 우리는 거대한 모험을 향해 출발할 시간이 임박했어요. 블랙 아프리카를 향해 알제리와 사하라 사막을 횡단할 시간이요.

알제리를 통과하며

알제리에서 사하라를 관통하는 길은 포장도로였지만 단 하나뿐인 이 순환로는 단계적으로 건설하고 있었어요. 우리는 이 길을 따라 '인샬라'라는 오아시스까지 갈 수 있었는데, 이곳은 브뤼셀에서 3,750킬로미터나 떨어져 있었지요. 이제 사하라 사막이 시작될 차례인데, 면적이 860만 제곱킬로미터가 넘고 어마어마한 모래와 조약돌 사막이 지평선 너머로 펼쳐지는 순간이었어요. 더는 길이 없어서 땅에 남겨진 자동차들의 울퉁불퉁한 흔적을 따라갔습니다. 그러나 그 흔적 때문에 제동 장치가 부서지는 위험을 당할 수도 있기에 그 흔적을 피해가며 운전해야만 했지요. 그렇게 달리다 보면 또 다른 위험이 있었어요. 차가 쉽사리 모래에 파묻히게 되어 부삽을 이용해 차를 꺼내야만 했거든요. 우리에게 이런 순간은 여러 번 찾아 왔어요.

사하라 사막에 맞섰던 우리

블랙 아프리카의 관문이자 모로코의 마지막 도시인 타만라세트에 도착할 무렵, 우리는 여정을 되돌아가야만 했어요. 50도에 육박하는 극심한 더위 때문에 차가 심하게 손상되었기 때문이에요. 이대로 계속하다간 정말 위험하게 될지도 모를 상황이었어요.

가던 길을 되돌아오면서 우리는 뚜렷한 차로의 흔적을 찾지 못했고 결국 사막에서 길을 잃고 말았어요. 허허벌판 속에서 종려나무 한 그루를 만났고, 그 아래서 투아레그 족 여인과 젊은 남성이 우리에게 녹차를 건네줬어요. 사막에 사는 사람들은 몸 안의 수분을 보충하기 위해 따뜻한 차를 마시는 습관이 있대요. 그들은 단어와 몸짓으로 무엇인가를 설명하려고 애썼지만 우리는 그들을 이해할 수 없었어요. 그들은 아마도 우리가 이제는 아무도 사용하지 않는 이전의 도로 흔적을 따라온 것이라고 말했을 것 같아요. 하지만 우리는 그 사실을 너무 늦게 깨달았지요.

사막 한가운데서 길을 잃고 좌초되다

다급하게 포장도로로 되돌아와보니, 우리가 가진 식수가 너무 적어 위험한 상황이었지만 멈추지 않고 달렸어요. 다행히 달빛이 빛나서 사막 지대가 훤했지요. 그러나 깊은 밤에 우리는 결국 좌초되었어요. 도미니끄는 차의 시동 장치에 심각한 문제가 있어서 다시 출발할 수 있을지 알 수 없었지만 차를 멈춰야만 했어요.

사막에는 우리뿐이었어요. 사막 한복판에서 길을 잃은 것이었지요. 도미니끄와 나는 내일 우리 목숨이 여전할지 서로에게 질문했어요. 우리에게는 고작 하루 정도를 버틸 수 있는 10리터의 식수밖에 없었거든요. 사하라를 관통하는 도로가 생긴 뒤에는 사람들이 더 이상 이 경로로 지나다니지 않았으며, 그 시절에 이동 전화도 있을 리 만무했지요.

구출되다

우리는 행운을 믿으며 서로를 의지할 수밖에 없었어요. 침묵 속에서 공포를 감춘 채 서로의 품에서 몇 시간 동안 잠들었지요. 아직 태양이 내리쬐기 전인 이른 새벽에 도미니끄는 간절한 마음으로 차의 시동 열쇠를 돌렸어요. 몇 번의 잔기침이 끝나고 기적이 찾아 왔어요. 엔진이 다시 작동하기 시작한 거예요. 우리는 온 힘을 다해서 삽질했고, 모래 속에서 조금씩 미니버스 좌석이 드러났어요. 우리는 달리고 또 달려서 아스팔트 길의 끝자락을 볼 수 있었어요. 마치 신기루처럼요. 드디어 다시 길을 찾은 거예요. 우리는 뛸 듯이 기뻐하며 서로를 포옹했고 벌컥벌컥 물을 마셨어요. 탈출에 성공한 우리는 깊은 유대감을 느꼈어요. 아마도 이날은 이전에는 알 수 없었던 날이자 어떤 말로도 표현할 수 없는 날이었을 겁니다. 이 이야기가 벌써 42년 전의 일이 되어 버렸군요.

첫 번째 차고에 도착했을 때 우리 차 제동장치의 얇은 판은 거의 부서진 상태였어요. 정비업자는 우리가 있던 사막 길에서 4명의 사람이 탈수로 사망했다고 알려주었지요.

가르다이아에 도착한 우리는 호텔에 하룻밤 묵으며 정말 훌륭한 샤워를 했어요. 저녁이 되어 포석을 깐 안뜰에서 맛있는 커민 향의 미트볼을 잽싸게 먹어치웠고요. 저 하늘과 우리의 눈 속에 수많은 별이 빛났답니다. 참, 이때 먹은 커민 미트볼 레시피는 이 책의 230쪽 '모로코식 커민 고수 미트볼'에서 찾아볼 수 있어요.

우리는 북알제리 쪽으로 가 아름다운 지중해와 고운 모래사장에서 휴식하려 했

독신자 전용 모래사장이라고 적힌 푯말과 베로니끄

지만 곧 그곳을 떠나야 했어요. 그곳은 '가족 전용' 모래사장이었기 때문에 우리는 갈 수 없고, 그 대신 '독신자 전용' 모래사장으로 가야 한다는 공익 경찰의 설명을 들었지요. 우리가 표지판을 제대로 보지 못한 탓이었어요. 사람들을 이런 기준으로 구별하는 게 낯설었어요.

마라케시

어느 해, 우리는 붉은 도시인 마라케시를 여행했어요. 유명한 자마엘프나 광장에는 뱀을 유혹하는 사람, 이야기꾼, 곡예사와 많은 먹거리 노점이 즐비했어요. 모로코 음식은 아주 다양한 색깔과 향을 갖고 있답니다. 멋진 레스토랑에서 어느 중동의 무희는 아주 근사한 춤으로 우리를 감탄하게 했어요. 그 모습을 보니 프로 중동 무용가이자 브뤼셀에서 무용 교사로 일하고 있는 우리 딸 마엘이 떠올랐지요.

도심으로 향한 우리는 아름다운 오아시스인 마조렐 식물원에서 산책하는 기쁨을 누렸어요. 이곳은 프랑스의 디자이너 이브 생 로랑을 통해 1980년에 복원된 곳입니다.

카사블랑카

나는 모로코 제2의 항구인 카사블랑카를 라마단 기간에 방문한 적이 있어요. 라마단은 무슬림에서 30일 동안 금식하는 기간을 뜻하는 말로, 이때의 모든 식당에서는 이집트 콩, 렌틸콩, 고기, 셀러리와 고수로 만든 전통 수프인 '하리라'를 줘요. 달걀, 비스킷, 무화과, 우유, 오렌지 주스도 함께 주지요. 해가 지고 금식이 중단되면 이 음식들이 그날의 첫 번째 식사랍니다. 밤사이 여러 번 식사를 하며 다음 날 일과 동안의 금식을 버틸 수 있게 해줘요. 장 아저씨의 동반자인 파티마에게 하리라 수프의 원조 레시피를 전수받았어요. 이 책의 262쪽 '하리라'에서 그 레시피를 찾아볼 수 있습니다.

어려운 순간 속에 진짜 친구들이 가려진다

우리는 여행하면서 다양한 문화를 경험했고 일상의 많은 것이 상대적인 가치라는 사실을 배우게 되었어요.

우정은 어려운 상황을 견디게 해주는 놀라운 역할을 하지요. 이후에 장 아저씨 부부는 벨기에로 건너와 살게 됩니다. 장 아저씨는 알츠하이머에 걸린 우리 아빠를 많이 돌봐주셨어요. 규칙적으로 그는 아빠와 차로 소풍을 떠났고요. 이 두 분은 간단한 식사를 위해 우리 집을 들르고는 하셨고, 나는 그들을 위한 식사를 준비했어요. 장은 두 분의 젊은 시절 추억을 회상시켜주었고 아빠는 여전히 대화를 이어가셨답니다.

아버지는 장과 파티마의 집에서 항상 환영받는 분이세요. 모로코의 문화에서는 노인을 양로원에 두지 않고 가족들이 함께 돌본다고 해요. 나는 장 아저씨가 아버지에게 베푼 모든 것을 참으로 감사하게 생각해요. 장 아저씨 역시도 대단한 여행가고 아시아를 사랑하셨지요. 그는 한국에 있는 내 둘째 아들인 줄리안의 인생 여정에도 깊은 관심을 주었답니다.

엄마야말로 아빠에게 경이로운 동반자셨어요. 엄마는 아빠의 병을 오랜 세월 간호했고, 아빠가 가장 품위 있고 정상적으로 여생을 보내시도록 모든 것을 감내하셨거든요.

인생아, 고마워.

아마도 여러분은 우리가 망가진 미니버스와 아프리카 여정의 모험을 어떻게 마무리 짓고 모로코를 떠났을지 궁금할 거예요. 도미니끄는 부서진 제동장치의 얇은 판을 체인으로 꽁꽁 묶었으며, 벨기에로 돌아가기 전에 친구에게 안부를 전하러 포르투갈에 들렀답니다. 우리는 아직도 뜨거운 모래를 느끼는 것이 좋았고 훌쩍 떠나온 이 멋진 모험을 만끽하며 열렬한 행복을 맛봤어요. 그 다음 벨기에로 돌아가 시누이의 결혼식에 깜짝 등장하여 가족들을 놀라게 했지요. 나는 빛나는 긴 원피스를 입을 시간도 없었어요. 그리고 우리의 인생에 속삭였어요. '고마워.'

메인 요리
Main dish

3장

✳ ✳ ✳

벨기에와 대부분의 북유럽 국가에서 메인 요리는 주로 고기나 생선 조각에 채소, 감자, 면 또는 밥을 제공합니다. 내가 어렸을 때만 해도 하루의 주된 식사는 정오에 먹었습니다. 아빠와 아이들이 집에 와서 식사하고 다시 직장과 학교로 돌아갈 수 있었기 때문이지요. 당시 벨기에 엄마들은 대부분 직장을 다니지 않고 가사와 육아를 도맡았거든요. 그래서 가족을 위해 정오에도 따뜻한 식사를 준비할 시간이 있었지요. 하지만 이제는 어머니들도 대부분 직장에 다니니, 일하는 시간을 피해 식사를 준비할 시간이 정말 짧아졌어요. 흔히 치즈, 고기, 햄이나 생채소 샐러드를 곁들인 샌드위치로 식사가 한정되기도 합니다. 실제로 요즘 벨기에나 대부분의 북유럽 국가에서는 보통 저녁의 시작인 오후 일곱 시 정도에 가족들이 그날의 주된 식사를 하게 됩니다.

3장에서 소개할 메인 요리들은 내가 특히 가족들이나 친구들을 위해서 많이 해주는 음식이기도 해요. 아마도 음식마다 적어도 수십 번은 요리해봤을 거예요. 그리고 만드는 과정이 쉽고 간단해서 비교적 짧은 시간 안에 완성할 수 있는 요리들이랍니다.

프랑스, 이탈리아, 스페인, 모로코, 미국, 멕시코 등을 여행하며 발견한 미각과 맛의 세계로 오신 것을 환영해요. 여기에 다양한 맛과 계절, 모든 순간이 담겨 있습니다.

벨기에식 파슬리 양파 미트볼

*Belgian meatballs
with parsley and onions*

벨기에식 미트볼은 한국 사람들이 깜짝 놀랄 정도로 커다란 크기를 자랑합니다. 벨기에 사람들은 미트볼을 한국의 주먹밥처럼 간편하게 차가운 상태로 먹기도 하지요. 원래 미트볼에는 채소가 많이 안 들어가는데, 나는 채소를 좋아해서 다른 레시피보다 채소와 빵을 더 많이 넣는 편이에요. 미트볼을 파프리카 안에 넣은 뒤 오브에 구워도 맛있답니다.

Ingredient

6인분 기준 | 조리 시간: 90분

다진 돼지고기와 소고기 섞은 것 ··· 750g

식빵 ··· 250g

우유 적당량

양파 ··· 150g

다진 파슬리 ··· 2컵

달걀 ··· 2개

밀가루 ··· 1컵

소금 약간

마가린 ··· 100g

❋ 미트볼은 토마토소스와도 아주 잘 어울립니다. 이 레시피에 따라 고기 혼합물을 만든 다음 반으로 자른 빨강 파프리카에 담아서 오븐이나 팬에 구워도 맛있어요(234쪽 '속을 채운 파프리카' 레시피 참고).

Recipe

1. 오븐을 200℃로 예열합니다(오븐이 없으면 뚜껑이 있는 팬이나 냄비를 이용하세요).

2. 빵을 우유에 담가 불린 뒤 꽉 짜서 준비합니다.

3. 양파를 잘게 다집니다.

4. 큰 볼에 다진 고기와 양파, 파슬리, 빵을 담습니다.

5. 달걀을 더하고 모든 재료를 손으로 골고루 섞어주세요.

6. 소금으로 간한 뒤 손으로 혼합물을 약 5~6cm 크기의 미트볼 모양으로 빚습니다.

7. 속이 깊은 접시에 밀가루를 담고 미트볼을 굴려서 밀가루를 골고루 묻힙니다.

8. 마가린을 작게 잘라서 미트볼 위에 하나씩 얹습니다.

9. 오븐용 그릇에 버터를 바르고 미트볼을 담은 다음 오븐에 넣고 180℃에서 1시간 동안 굽습니다.

10. 미트볼을 접시에 담고 샐러드, 삶은 감자나 감자튀김, 밥 등을 곁들여 완성합니다.

벨기에식 홍합찜
Mussels marinière, Belgian Style

이 요리야말로 벨기에를 대표하는 음식이 아닐까 싶습니다. 벨기에에 한 번이라도 다녀온 사람이라면 분명 이 요리를 먹어봤을 거예요. 한국의 홍합탕과 비슷해서 분명 한국 사람들이 쉽게 좋아할 만한 맛입니다. 벨기에 홍합은 한국의 홍합보다 훨씬 크며, 검정 냄비에 요리하는 게 전통입니다.

Ingredient

2인분 기준 | 조리 시간: 20분

홍합 ··· 2kg

셀러리 ··· 2대

양파 ··· 100g

당근 ··· 100g

다진 파슬리 ··· 2큰술

타임 ··· 2작은술

월계수잎 ··· 1장

후춧가루 ··· 1작은술

버터 ··· 1큰술

홍합을 손질할 때는 물에 오래 담가두면 홍합의 맛이 떨어지므로 흐르는 물에 씻어주세요.

Recipe

1. 홍합을 깨끗하게 씻어 준비합니다.

2. 양파와 당근의 껍질을 벗겨낸 다음 양파는 채썰고 당근은 얇게 송송 썰어주세요.

3. 셀러리를 작게 송송 썰어주세요.

4. 속이 깊은 냄비에 버터를 녹이고 양파, 당근, 셀러리를 더하여 계속 휘저으면서 수 분 동안 익힙니다.

5. 냄비에 홍합, 파슬리, 월계수잎, 타임, 후춧가루를 더한 다음 뚜껑을 덮고 10분 동안 뭉근하게 익힙니다.

6. 주기적으로 골고루 저어주다가 홍합이 모두 익어 입을 벌리면 불을 끄고 완성합니다.

타임

사냥꾼의 닭고기 스튜

Hunter's chicken stew

와인이 닭의 비린내를 잡아주고 육질을 부드럽게 만들어줍니다. 이 방법은 중세 시대부터 내려온 전통적인 요리법으로 특별한 맛을 선물합니다. 한국의 찜닭이나 닭볶음탕과 비교하면서 닭고기 스튜만의 매력을 느껴보세요.

Ingredient

2~3인분 기준 | 조리 시간: 90분

닭 ··· 1.2kg

훈제 베이컨 ··· 100g

양파 ··· 1개 (200g)

토마토 통조림 ··· 1캔 (400g)

레드 와인 ··· 200ml

버섯 ··· 250g

타임 ··· 3줄기 (5cm 길이)

월계수잎 ··· 2장

소금, 후춧가루 약간

Recipe

1. 양파를 채 썰고 통조림에서 토마토를 꺼내 으깨주세요.

2. 훈제 베이컨을 곱게 다지고 팬에 넣어 가볍게 굽습니다.

3. 닭을 적당히 자르고 팬에 더하여 주기적으로 뒤집으면서 10분 동안 익힙니다.

4. 팬에 양파, 토마토, 타임, 월계수잎, 와인을 더하고 뚜껑을 닫아 약한 불에 30분 동안 익힙니다.

5. 버섯을 얇게 썰어 소금, 후춧가루와 함께 팬에 더하고 뚜껑을 닫아 약한 불에 20분 동안 더 익힙니다.

6. 으깬 감자(242쪽 '토마토 셰퍼드 파이' 레시피 참조)를 곁들여서 뜨겁게 완성합니다.

리에주식
깍지콩 베이컨 스튜

*Stew Liege style with
green beans and bacon*

내가 살고 있는 리에주 지역의 요리입니다. 오른쪽 사진 속 인형은 나의 고향인 리에주를 대표하는 상징이에요. 기존 체제에 굳건히 맞서는 기백을 담고 있어서 사람들에게 인기가 많지요. 따뜻하게 먹는 음식에는 보통 식초를 사용하지 않는데, 이 요리는 식초를 이용해 신선함을 더해줍니다. 어릴 때 줄리안이 감자와 콩, 베이컨을 따로 달라고 졸랐던 게 기억이 나네요. 원래는 섞어서 먹어야 제맛인데 말이지요.

Ingredient

2인분 기준 | 조리 시간: 50분

깍지콩 (생 또는 냉동) ··· 500g

베이컨 ··· 200g

샬롯 ··· 2개 (또는 양파 50g)

감자 ··· 600g

화이트와인 식초 ··· 4큰술

소금, 후춧가루 약간

식물성 오일 ··· 2큰술

Recipe

1. 깍지콩의 양쪽 끄트머리를 잘라내서 손질한 다음 깨끗이 씻어주세요.

2. 감자는 껍질을 깎고 4등분하고 베이컨은 잘게 썰어주세요.

3. 냄비에 물을 담고 끓으면 감자를 넣어 15~20분 동안 삶습니다.

4. 팬에 베이컨을 넣고 주기적으로 뒤적이면서 노릇하게 볶아주세요.

5. 찜기에 깍지콩을 넣고 10분 동안 쪄서 익힙니다.

6. 샬롯을 곱게 다집니다.

7. 볼에 깍지콩과 감자, 베이컨, 샬롯을 담고 골고루 섞어주세요.

8. 베이컨을 볶은 팬에 화이트와인 식초 2큰술을 붓고 나무 주걱으로 바닥에 붙은 파편을 모두 긁어 가열합니다.

9. 가열한 식초를 깍지콩 혼합물에 두르고 화이트와인 식초 2큰술을 더합니다.

10. 소금과 후춧가루를 뿌려 간하고 오일을 두른 뒤 골고루 섞어주세요.

11. 따뜻하게 데운 접시에 담아 완성합니다.

밥과 카레소스를 곁들인 삶은 닭 요리

*Boiled chicken
with rice and curry sauce*

이 요리는 어머니께 배운 레시피로, 벨기에에서 주로 겨울철에 즐겨 먹는 건강한 음식입니다. 닭고기로 우려낸 국물이 감기에 좋다고 해서 저도 아이들이 감기에 걸렸을 때 많이 만들었지요. 주로 암탉을 사용하며, 닭을 삶는 과정이 한국의 삼계탕과 매우 비슷합니다.

Ingredient

6인분 기준 | 조리 시간: 95분

닭 ··· 1마리 (1.5~2kg)

리크 ··· 흰색 부분 5대 분량

양파 ··· 1개 (200g)

당근 ··· 300g

월계수잎 ··· 2장

정향 ··· 2개

쌀 ··· 3컵

소금 ··· 2작은술

카레소스 재료

밀가루 3큰술

카레 가루 3작은술

소금 약간

레몬즙 1큰술

우유 1/2컵 (150ml)

사과 소스 재료

사과 1kg

물 1컵 (300ml)

설탕 3큰술

리크

정향

- 리크는 파와 비슷하게 생겼지만 줄기가 파보다 더 희고 굵으며 길이가 짧습니다. 통째로 조리하거나, 다져서 샐러드, 수프 등 각종 음식에 활용합니다.

- 정향은 자극적인 맛과 향을 지닌 향신료로, 햄을 구울 때나 채소 피클을 만들 때 주로 사용합니다.

Recipe

1. 큰 냄비에 닭을 넣고 닭이 잠길 만큼 물을 부어주세요.

2. 양파에 정향을 꽂은 뒤 월계수잎, 소금과 함께 냄비에 더하고 30분 동안 뭉근하게 끓여서 육수를 만듭니다.

3. 쌀 2컵 당 육수 4컵의 비율로 섞어 약 40분 정도 끓이며 천천히 익혀주세요(오븐이 있다면 오븐용 그릇에 쌀과 육수를 담고 윗부분이 노릇노릇해질 때까지 약 40~60분 동안 익혀주세요).

4. 냄비에 육수 2컵을 담고 약한 불에 올려서 밀가루를 천천히 부으며 거품기로 골고루 휘저어 섞어주세요.

5. 카레 가루와 소금을 더하여 소스가 걸쭉해지도록 합니다.

6. 레몬즙과 우유를 더하여 잘 섞어서 카레소스를 완성합니다.

7. 닭이 담긴 냄비에 물을 추가하여, 밥을 짓고 카레소스를 만드는 데 사용한 육수를 보충하고 15분 정도 끓여주세요.

8. 리크와 당근을 작게 송송 썰어 냄비에 더하고 15분 정도 끓여 채소를 익힙니다.

9. 닭고기를 꺼내서 적당한 크기로 자른 뒤 따뜻한 접시에 익은 채소와 함께 담고 카레소스를 얹습니다.

뒷장에 이어서

Recipe

10. 새콤달콤한 맛의 조화를 즐기는 사람이라면 사과 소스를 적당량 곁들여 냅니다.

사과 소스 만드는 법

① 사과는 껍질을 벗기고 작게 썰어주세요.

② 냄비에 사과, 물, 설탕을 넣고 15~20분 정도 익힙니다.

③ 익는 중에 사과가 물크러지지 않으면 감자 으깨개로 적당히 으깨서 사과 소스를 완성합니다.

머스터드 소스를 곁들인
돼지고기 구이와 감자 당근 스튜

*Pork with must ard sauce
and hotpot potatoes-carrots*

매콤한 머스터드 소스가 돼지고기의 맛을 살리는, 보쌈과 삼겹살의 중간 정도 되는 요리라고 생각하면 좋을 것 같아요. 영양분이 듬뿍 들어 있는 감자 당근 스튜는 맛뿐만 아니라 건강에도 매우 좋습니다.

Ingredient

2~3인분 기준 | 조리 시간: 50분

돼지고기 안심 … 500g

머스터드 … 1작은술

액상 크림 … 3큰술

감자 … 800g

당근 … 500g

양파 … 100g

물 … 2컵(600ml)

월계수잎 … 2장

식물성 오일 … 2큰술

소금, 후춧가루 약간

로즈메리 … 1줄기(선택 사항)

옥수수 전분 … 1작은술(선택 사항)

Recipe

돼지고기 안심

1. 돼지고기에 로즈메리를 끼워 넣습니다.

2. 냄비에 오일 1큰술을 두르고 돼지고기를 넣어 뒤집어가며 20분 동안 익히다가 소금과 후춧가루를 뿌리고 10분 동안 더 익힙니다.

3. 돼지고기가 천천히 익으면서 육즙이 흘러나오면 바닥에 고인 육수에 머스터드와 생크림을 더하고 몇 분 동안 더 가열합니다(소스가 충분히 걸쭉해지지 않으면 옥수수 전분 1작은술을 더하세요).

감자 당근 스튜

1. 감자와 당근은 껍질을 벗기고 작게 썰어주세요.

2. 양파를 다진 뒤 냄비에 오일 1큰술을 두르고 양파를 넣어 천천히 볶다가 감자와 당근을 더합니다.

3. 냄비에 물, 월계수잎, 소금을 더하고 채소가 부드러워질 때까지 20분 동안 익힙니다.

4. 돼지고기를 얇게 썰고 머스터드, 감자 당근 스튜와 함께 접시에 담아 완성합니다.

Veronique's Story
벨기에

때로 너무 작고, 때로 너무 큰 나라

벨기에는 언제나 나의 조국입니다. 남편에게도, 부모님에게도, 그곳에서 자란 내 아이들에게도요. 벨기에는 1,130만 명이 사는 작은 나라이며 유럽의 심장이고 4개의 나라와 인접해 있습니다. 프랑스, 네덜란드, 독일 그리고 룩셈부르크입니다. 런던까지는 기차로 2시간, 파리는 1시간 30분이면 갈 수 있어요. 벨기에는 생겨난 지 200년이 넘지 않은 신생국가입니다. 3개의 국가 언어를 사용해요. 남부에서는 프랑스어, 북쪽에서는 네덜란드어, 그리고 동쪽의 일부 지역에서 독일어를 사용하지요. 벨기에는 왕국입니다. 필리프 국왕과 마틸드 여왕이 계세요. 국왕은 국가를 다스리나 군림하지 않으며, 주요한 의전의 역할을 담당합니다. 벨기에가 인구 밀도가 가파르게 상승하는 국가 가운데 20위 안에 속하지만, 많은 부분에서 자연은 잘 보존되고 있어요. 나라의 중앙부와 우리가 사는 남부는 많은 경작지가 있고 젖소를 방목하기 좋은 목초지가 있으며 거닐 수 있는 멋진 숲이 있어요.

이 작은 나라가 어떻게 세계에 알려졌을까요?

초콜릿, 맥주, 감자튀김 그리고 와플은 전 세계에 우리 나라를 알려주는 멋진 홍보대사의 역할을 해줘요. 벨기에의 모든 도시에서 이 음식들을 파는 가게를 만날 수 있으며, 긴 여행길에서 만난 작은 패스트푸드점뿐만 아니라 심지어는 작은 건물이나 캠핑장, 푸드 트럭으로 개조한 작은 트럭에서도 감자튀김을 맛볼 수 있어요. 스테이크와 감자튀김과 샐러드, 미트볼과 감자튀김, 홍합과 감자튀김은 벨기에의 3대 국민 음식이에요. 벨기에에 있다는 건 감자튀김 왕국에 있다는 거예요. 게다가 '감자튀김을 갖고 있다'는 말이 잘 지낸다는 뜻을 나타내기도 해요.

전 세계 맥주 시장 1위

1717년, 벨기에의 루뱅이라는 도시에서 일하던 세바스티앙 아르뚜아는 1366년부터 있던 맥주 양조장을 다시 매입했어요. 금세 이 맥주 양조장은 유럽 최대 규모가 되었고, 매년 여러 경쟁사들이 생겨났지만 맥주 시장에서 세계 최고의 회사가 되었지요. 스텔라 아르투아, 호가든, 주필러 등의 맥주 브랜드가 생겨났습니다.

벨기에에서는 중세 시대부터 수도사들이 수도원에서 맥주를 만들었는데, 당시에 물은 자주 오염되어서 죽을병의 원인이 될 수도 있었지만 맥주처럼 소량의 알코올이 함유된 음료를 마시면 더 건강했다고 해요.

현재는 벨기에에 1,000종이 넘는 수제 맥주 제품이 존재하며, 전국에 150개 넘는 소규모 양조장이 있어요.

벨기에 3대 주요 도시

브뤼셀 벨기에의 수도로 120만 명이 거주해요. EU 관련 기관이 대부분 브뤼셀에 있습니다. 그 덕분에 '유럽의 수도'라는 호칭을 얻게 되었지요. 두바이 다음으로 가장 범세계적인 도시기도 해요. 브뤼셀 거주자의 60퍼센트가 외국 출신이거든요. 그리고 많은 공원과 정원을 갖추었기에 인간적인 차원에서 살기 좋은 수도기도 해요.

'큰 광장'이라는 뜻의 그랑 플라스는 브뤼셀 대광장은 17세기에 만들어진 정말 아름다운 곳이에요. 건축물은 네오고딕 형식이며 도금으로 채색된 외관과 동상, 조각상들은 독특한 위엄과 조화로운 인상을 선사합니다.

브뤼셀의 상징은 오줌싸개 동상입니다. 이 분수는 동으로 만든 55센티미터의 동상으로, 작은 꼬마가 오줌을 싸고 있는 장면을 묘사하고 있어요. 어느 날에는 동상을 보러 3만 명의 관광객이 왔어요. 그 이후로 오줌싸개 동상이 한국의 한복과 같은 여러 나라의 전통 옷을 선물로 받게 되었지요. 오줌싸개 동상이 받은 선물은 천 벌이 넘었고, 모두 박물관에 전시되었답니다. 전 세계에서 이처럼 많은 의상을 소유한 동상은 오줌싸개 동상이 유일할 거예요. 일 년에 130벌이나 옷을 바꿔 입을 수 있으니까요.

그랑 플라스에서 베로니끄

오줌싸개 동상 앞에서
마엘, 줄리안, 사위 올리비에

브뤼헤 연간 8백만 명이 넘는 방문객이 찾아오는 곳으로, 이곳을 관통하는 여러 운하 때문에 북쪽의 베니스라고도 불립니다. 자갈이 깔린 골목과 중세식 건물이 많으며 사륜마차나 배를 타고 유람하기에 낭만적인 장소입니다. 브뤼헤를 한가로이 거닐면 마치 브뤼헤가 유럽에서 가장 중요했던 항구도시이자 상업과 금융의 도시였던 7세기 전으로 시간이 돌아간 듯한 느낌을 받을 거예요.

앙베르 유럽 제2의 대규모 항구이며 세계 다이아몬드의 수도입니다. 중심부에는 500년이 된 다이아몬드 세공지구가 있으며, 수많은 상인, 보석 연마공들이 일했던 곳이에요. 인디언들과 동방정교회 유대 공동체는 이 어마어마한 시장을 관리했다고 해요. 세계 다이아몬드의 65퍼센트 이상과 가장 크기가 큰 다이아몬드를 전부 앙베르에서 깎는다고 해요.

벨기에에서는 어떻게 인사할까요?

벨기에 사람들은 안부 인사를 할 때 악수하거나 뺨에 짧게 키스(비쥬)하는 인사를 선호합니다. 지방마다 키스하는 횟수는 1회에서 4회까지 다양합니다. 벨기에에서는 모두 뺨에 키스하는 인사를 좋아합니다. 소년들끼리도 할 뿐만 아니라, 일터에서 아는 동료들끼리, 처음 만나는 친구의 친구들끼리도 그렇게 인사해요.

벨기에를 사랑할 수밖에 없는 세 가지 이유

1. 벨기에 사람들   벨기에 사람들은 보통 자조적인 성격이고 검소하며 각 지방에서 찾아볼 수 있는 기묘한 농담을 좋아합니다. 벨기에 예술가들은 프랑스에서 그들의 창의성을 아주 높이 평가받으며, 벨기에 특유의 유머러스한 의미가 초현실주의자로 규정되기도 합니다. 여러분도 다음에 벨기에에 오셔서 한번 확인해보세요.

2. 음악 축제   벨기에는 여름마다 노천에서 다양한 축제를 엽니다. 전 세계에서 벨기에로 수백수천의 축제 참가자들이 최신 예술가들의 음악을 듣기 위해 몰려들고, 지구 최고의 DJ 무대를 만들어 춤을 추기도 해요. 세계에서 가장 잘 알려진 전자 음악 축제인 투모로우랜드를 위해 40만 명의 참가자가 몰리기도 합니다. 매년 티켓은 한 시간 반 만에 매진된다고 해요.

3. 교육   벨기에에서는 의무교육이 끝날 때인 18세까지 무료교육입니다. 몇몇 대학을 제외하고는 고등 교육비도 비싸지 않으며 대학에 등록하기 위한 입학시험이나 선발시험이 없습니다. 그래서 벨기에 고등 교육을 받기 위해 벨기에로 온 해외 출신의 학생들도 많습니다.

벨기에를 사랑하지 못할 세 가지 이유

1. 기후   벨기에는 햇볕이 적어서 하늘이 자주 회색빛이며 비가 많이 옵니다. 하

지만 다행히 봄이나 여름에는 오랜 기간 햇볕이 내리쬐지요.

2. 정치 북쪽 지방인 플랑드르와 남쪽 지방인 왈로니 지방 사이의 정치 문제가 많습니다. 심지어 나라를 분리하자는 이야기도 나온 적이 있어요. '통일이 힘이다'라는 격언이 필요합니다.

3. 세금 벨기에의 소득자들은 엄청난 세금을 냅니다. 세금 부과율은 25퍼센트에서 50퍼센트에 이릅니다.

벨기에 사람들은 무엇을 먹을까요?

우선 빵을 많이 먹어요. 둥글거나 직사각형의 큰 빵을 잘라서 먹지요. 빵은 주로 일반 밀가루나 통밀가루를 사용합니다. 참깨, 해바라기씨, 호박씨, 양귀비 등 다양한 곡물을 첨가하기도 합니다. 벨기에에는 제빵사나 정육업자 등이 직접 제조한 식품을 파는 경우가 많아요.

아침 식사 치즈와 잼, 초콜릿을 곁들인 빵 몇 조각을 먹어요.

점심 식사 따뜻한 수프와 신선한 샌드위치를 먹어요. 주재료는 치즈와 돼지고기, 자른 미트볼, 게살이나 생선 살에 생채소를 곁들입니다. 여름에는 샐러드에 빵 한 조각으로 간단하게 해결하기도 합니다.

저녁 식사 보통은 감자와 함께 고기나 생선, 익힌 채소나 생채소를 곁들여 먹습니다. 벨기에 사람들은 감자를 다양한 방법으로 조리해 먹어요. 물에 삶거나 기름에 튀기거나 또는 오븐이나 팬에 구워 먹지요. 나는 감자 대신에 시리얼이나 면류를 먹기도 합니다. 주로 저녁은 오후 일곱 시에서 여덟 시 정도에 먹어요.

어떤 도시에서든, 계절과 상관없이 매주 한 번은 전통 시장이 열립니다. 여기서 모든 종류의 채소와 과일, 치즈, 고기, 생선 등 식재료뿐만 아니라 꽃, 의복 등등 다양한 물건을 살 수 있어서 시장은 참 중요합니다. 점점 더 많은 소규모 자연식품 생산자가 시골에 정착하면서 비료나 농약 없이 좋은 채소를 생산하여 자급자족하고 유기농 가게에 판매하고 있어요.

바비큐

한국식 바비큐도 잘 알려졌지만, 벨기에 사람들 역시 바비큐를 정말 좋아해요. 날씨가 좋으면 정원이나 테라스처럼 외부에서 모두가 바비큐 하는 모습을 볼 수 있지요. 소시지를 구워서 샌드위치에 넣어서 먹거나 닭다리와 생선, 감자를 굽습니다. 고기, 양파, 고추 등을 금속 꼬치에 끼워서 고기 꼬치를 만들어 굽기도 하지요. 친구나 이웃을 초대해서 축제 같은 식사를 할 때 바비큐를 합니다.

벨기에에서 먹는 이상한 음식에는 어떤 것들이 있을까요?

- 마늘과 파슬리 소스를 바른 달팽이
- 맥주나 포도주에 담근 토끼 고기

- 개구리 넓적다리

개구쟁이 스머프를 아시나요?

벨기에 출신의 만화가 페요가 1958년에 만든 만화로, 온통 파란색인 스머프들이 거대한 숲속 버섯 마을에서 살아가는 이야기를 담고 있어요. 25개국 언어로 번역되어 3,000만 권이 넘게 팔렸으며, TV 만화 영화, 비디오 게임, 인형, 스머프 테마파크 등 스머프가 진출한 분야를 다 셀 수도 없습니다.

땡땡 Tintin

벨기에 만화 주인공 가운데 가장 잘 알려진 인물이 바로 땡땡이에요. 젊은 리포터 땡땡과 그의 강아지 밀루가 주인공으로, 브뤼셀 출신의 만화가인 에르제가 그렸습니다. 땡땡은 그를 유럽에서 가장 유명한 만화 작가로 만들어주었지요. 이 만화는 전 세계에서 2억 5,000부 넘게 팔렸으며, 110개가 넘는 언어와 방언으로 번역되었어요. 만화는 벨기에 문화의 꽃이라고 할 수 있어요. 다음에 기회가 된다면 브뤼셀에 있는 만화 박물관도 들러보세요.

벨기에와 스포츠

가장 대중적인 종목은 축구입니다. 월드컵에서 벨기에는 한국 팀도 만난 적이 있지요. 정말 흥미로운 우연의 일치겠지만, 대한민국 축구 팬들의 별명이 '붉은 악마'라는 점이 놀라워요. 프랑스어로 '디아블 루주(붉은 악마)'가 우리 벨기에 팀의 이름이거든요.

벨기에와 한국

우리 부부가 서울에 갔을 때 한국 분들께 우리가 벨기에 사람이라고 말씀드리니, 많은 분이 감사의 인사를 건네셨어요. 왜냐하면 1951년에 3,000명의 벨기에 군인들이 자원입대로 남한을 위해 참전했거든요. 100여 명의 벨기에 군인이 전투 중에 사망했다고 해요.

베로니끄가 살고 있는
마을의 전경

뵈프 부르기뇽

Boeuf bourguignon

와인과 소고기로 유명한 프랑스 부르고뉴 지역의 대표 요리입니다. 프랑스 식당에 가면 정말 쉽게 볼 수 있는 요리지요. 레드 와인에 소고기를 넣어 오랜 시간 푹 끓인 뒤 버섯, 양파, 월계수 잎, 정향 등으로 맛과 향을 더해서 만들어요. 보통 삶은 감자를 함께 곁들여 먹으며, 와인에 재운 소고기의 풍미가 정말 좋답니다. 한국의 갈비찜과 비슷한 식감이지만, 와인에 재워두었기 때문에 완전이 다른 맛을 느낄 수 있습니다.

Ingredient

4인분 기준 | 조리 시간: 145분

소고기 (사태) ··· 1kg

훈제 베이컨 ··· 100g

버섯 ··· 250g

양파 ··· 300g

당근 ··· 150g

밀가루 ··· 2큰술

식물성 오일 ··· 2큰술

레드 와인 ··· 200ml (소고기가 잠길 정도)

닭 또는 소고기 육수 큐브 ··· 1개

월계수잎 ··· 2장

타임 ··· 1줄기

정향 ··· 2개

Recipe

1. 소고기를 3cm 크기로 잘라 볼에 담고 레드 와인과 월계수잎, 타임, 정향을 더하여 냉장고에서 24시간 동안 재워둡니다.

2. 고기를 건지고 마리네이드는 따로 남깁니다.

3. 훈제 베이컨을 잘게 다진 뒤 냄비에 오일을 두르고 베이컨 50g과 소고기를 넣어 노릇해질 때까지 볶다가 밀가루를 더합니다.

4. 냄비에 마리네이드를 붓고 육수 큐브를 더해주세요.

5. 당근을 얇게 썰고 양파는 작게 썰어주세요.

6. 당근과 양파 100g을 냄비에 더하여 뚜껑을 닫고 40분 동안 천천히 뭉근하게 익혀주세요.

7. 버섯을 저미고 나머지 양파, 베이컨과 함께 팬에 넣어 골고루 볶습니다.

8. 고기가 담긴 냄비에 볶은 양파 베이컨 혼합물을 더하여 잘 섞은 다음 5분 동안 더 익힙니다.

9. 삶은 감자 적당량을 곁들여 완성합니다.

생허브를 더한 연어
그릴 구이와 코코넛 향 밥

Grilled salmon with fresh herbs and coconut flavored rice

재료의 서로 다른 풍미를 다양하게 즐길 수 있는 음식입니다. 스페인에 있는 아시아 식당에서 먹어보고 그 매력에 빠져 직접 만들어본 요리입니다. 코코넛 향 가득한 쌀밥이 아마 베트남이나 태국 식당에 온 듯한 착각을 불러일으킬 거예요.

Ingredient

2인분 기준 | 조리 시간: 30분

- **생연어** … 2개 (각 150g)
- **쌀** … 1컵
- **물** … 2컵 (600ml)
- **코코넛 밀크** … 2큰술
- **오이** … 1개
- **자몽** … 1개
- **생허브 또는 고수** … 10줄기
- **실파** … 4대
- **박하잎** … 4장
- **소금, 후춧가루 약간**

Recipe

1. 냄비에 쌀과 물을 넣고 소금을 뿌립니다.

2. 쌀의 종류에 따라 쌀을 약 40분 동안 천천히 익힙니다.

3. 오이는 껍질을 벗긴 뒤 송송 썰고 실파도 잘게 송송 썰어주세요.

4. 자몽은 껍질을 벗기고 한 조각씩 떼어내어 속껍질을 제거합니다.

5. 그릴 팬을 달구고 연어를 얹어서 소금과 후춧가루를 뿌린 뒤 앞뒤로 구워주세요.

담는 법

① 고수와 민트를 곱게 다집니다.

② 속이 깊은 그릇에 밥을 한 컵 담고 코코넛 밀크를 둘러서 골고루 섞습니다.

③ 밥 위에 구운 연어를 얹습니다.

④ 접시에 고수와 민트, 오이, 실파를 담아 장식합니다.

⑤ 껍질을 벗긴 자몽 과육을 나누어 담아 완성합니다.

스페인식 도미 요리

Sea bream Spanish style

다양한 재료의 풍미를 고루 느낄 수 있는 음식입니다. 밑에 깐 감자와 양파, 파프리카가 생선에 배어 좋은 향을 느낄 수 있으며, 풍부한 올리브오일이 입맛을 돋웁니다. 각종 채소로 카펫을 깔고 생선을 올린 뒤 액자 안에 넣은 것 같은 모양새가 눈을 즐겁게 합니다.

Ingredient

1~2인분 기준 | 조리 시간: 45분

도미 ··· 1마리 (400g)

감자 ··· 200g

양파 ··· 100g

빨강 파프리카 ··· 200g

올리브오일 ··· 3큰술

소금, 후춧가루 약간

Recipe

1. 오븐을 180℃로 예열하고 오븐용 그릇에 올리브오일을 바릅니다.

2. 감자와 양파의 껍질을 벗긴 다음 파프리카와 함께 얇게 썰어주세요.

3. 오븐용 그릇에 감자를 깔고 그 위에 양파와 빨강 파프리카를 올려줍니다.

4. 채소 위에 올리브오일 2큰술을 골고루 두르고 소금과 후춧가루를 뿌려 오븐에 20분 동안 굽습니다.

5. 도미를 소금과 후춧가루로 간합니다.

6. 오븐에서 그릇을 꺼내 구워진 채소 위에 도미를 얹고 15분 동안 더 익혀 완성합니다.

파에야

Paella

주로 일요일 점심에 먹는 해산물이 듬뿍 들어간 음식입니다. 한국 사람들에게도 널리 알려진 대표적인 스페인 음식이지요. 실제로 한국의 볶음밥과 비슷하다고 생각됩니다. 스페인에서는 파에야를 큰 팬에 조리하며, 해변에서 파티를 열 때는 아주 거대한 팬을 사용하기도 합니다.

Ingredient

5인분 기준 | 조리 시간: 50분

작은 오징어 (생물 또는 냉동) ··· 10마리

닭 허벅지살 ··· 1개

새우 ··· 10마리

홍합 ··· 500g

빨강 파프리카 ··· 1개

양파 ··· 200g

마늘 ··· 2쪽

토마토 ··· 2개

물 ··· 6컵 (1.8L)

소금 약간

사프란 두 꼬집

월계수잎 ··· 1장

쌀 (단립종) ··· 4컵

냉동 완두콩 ··· 1컵

올리브오일 ··· 2큰술

Recipe

1. 빨강 파프리카, 양파, 마늘, 토마토를 얇게 썰어주세요.

2. 오징어는 손질해서 작게 썰어주세요.

3. 팬에 올리브오일을 두르고 파프리카, 양파, 마늘, 토마토, 오징어를 더하여 골고루 볶습니다.

4. 팬에 물, 소금, 사프란, 월계수잎, 닭 허벅지살을 더하고 15분 동안 익힙니다.

5. 팬에 새우와 홍합을 더하고 좀 더 익혀서 육수에 풍미가 배게 한 뒤 새우와 홍합을 건집니다.

6. 쌀 1컵 당 육수 2컵의 비율로 밥을 짓습니다(사용한 쌀의 종류에 따라 20분 정도 익히세요).

7. 새우, 홍합, 완두콩을 더해서 5분 더 볶아 완성합니다.

Veronique's Story
스페인

    스페인을 생각하면 태양, 해변, 축제, 플라멩고, 파에야, 상그리아나 모히토 등 몇 가지 단어가 머리를 스쳐 지나가요. 스페인 사람들의 삶의 방식은 주변 국가와 달라요. 저녁이나 밤에도 낮처럼 항상 활기가 넘치고 레스토랑은 오후 9시에 문을 열어서 새벽 1시까지 운영하는 곳도 있어요.

코스타 브라바로의 휴가

    나는 이십 년 전부터 매년 스페인 북부에서 휴가를 보내고는 했어요. 부모님께서 지중해가 맞닿은 아름다운 해안 코스타 브라바의 작은 도시인 레스칼라에 별장을 갖고 계셨기 때문이에요. 그곳은 고운 모래사장과 작은 만, 절벽이 아름답게 어우러져 있어요.

    아이들이 어렸을 때 우리 가족은 자동차로 1,200킬로미터의 여정을 달려 코스타 브라바에 갔지요. 도착하자마자 마튜, 마엘, 줄리안 삼 남매는 따뜻한 수영장으로 돌진했어요. 이곳에서의 놀라운 따뜻함과 환희가 넘치는 순간은 여름의 소중한 추억이 되었습니다. 또한, 벨기에 날씨가 때로 침울하기에 파란 하늘, 부드러운 열기를 집으로 실어 보내고 싶을 정도였지요. 매해 우리 가족이 도착하면 같은 의식을 진행해요. 자동차에서 내리면 가방과 함께 테니스 라켓, 잠수 모자, 물갈퀴 등 열댓 개의 물건이 쏟아지지요. 이것들을 통해 아이들이 점차 자라나는 모습도 볼 수 있어요.

우리 엄마는 자전거를 타고 저쪽 한구석에 그릴 식당을 만드셨어요. 도착해서 먹는 첫 번째 식사는 꼬치에 구운 닭고기인데, 안에 마늘과 레몬 조각, 타임, 세이보리 가지가 들어갔어요. 이렇게 세상에서 가장 맛있는 구운 닭고기와 함께 감자도 곁들이지요. 냄새만 맡았을 뿐인데 뱃속에서는 어서 포크를 들으라고 하고, 테라스 그늘에서 온 가족이 이만 겨우 보일 정도로 정신없이 먹어치우는 거예요.

아이들은 해수욕장에서 미역을 감으며 그 지방을 탐색하는 작은 소풍을 열었어요. 카탈루냐 지방 뒤편에는 여전히 순수한 농촌의 풍경이 있고 시간이 멈춘 것 같은 웅장한 중세 마을이 있어요. 농촌의 좁다란 돌길은 경사져 있어서 갑자기 중앙 광장이 등장합니다. 그늘진 테라스의 그늘을 바라보며 신선한 상그리아 한잔을 마시고 싶어지지요. 거기에 스페인식 전채 요리인 타파스를 곁들이거나 판 콘 토마토와 지방 특산 햄을 피할 수 없을 거예요. 이런 모습이 스페인 버전의 천국의 모습일 겁니다. 가장 대표적인 음식 몇 가지를 소개할게요.

줄리안 할머니의 별장에서
세 살 때의 줄리안과 베로니끄

별장의 수영장에서
줄리안과 친구들

상그리아 여름의 가장 신선한 알코올 음료로, 스페인 휴가의 환상적인 상징이라고 할 수 있어요. 이 칵테일은 적포도주를 기본으로 해서 오렌지나 레몬을 담고 과일의 향을 풍부하게 하고자 계피나 바닐라 향신료를 넣습니다. 거기에 설탕과 보드카, 코냑, 럼주와 같은 알코올, 그리고 탄산수나 레모네이드를 첨가하여 완성합니다.

타파스 본격적인 식사 전에 먹는 소량의 음식으로, 스페인 전통 음식의 축소판이라 할 수 있으며 십여 가지의 다양한 종류가 있어요. 따뜻하게 또는 차갑게 먹으며 축제 분위기에서 서서 먹기도 합니다. 이밖에 축제가 열리는 식당, 타파스 전용 바, 와인 바에서 다양한 종류의 타파스를 맛볼 수 있습니다. 생선, 갑각류, 돼지고기, 치즈, 쌀, 토마토, 파프리카, 마늘, 고추, 올리브 등을 넣어 만들지요.

판 콘 토마토 카탈루냐 지방의 전통 음식으로, 빵 조각을 마늘과 함께 토마토 반쪽에 바른 것입니다. 거기에 올리브오일을 첨가하고 취향에 따라 소금을 뿌려 먹습니다.

장봉 뒤 페이 스페인 사람들은 햄을 정말 좋아하고 많이 먹습니다. 식품점이나 레스토랑, 타파스 바에 가면 천장에 걸려있는 훈제 족을 볼 수 있는데, 검은 발이라는 뜻의 빠따 네그라 patte noire라고 불립니다. 왜냐하면 스페인에서 사용하는 돼지의 품종이 검은색에 가깝기 때문이지요.

유럽의 등대가 되는 도시, 바르셀로나

예술과 유쾌가 압축된 도시이자 일 년 내내 휴가오기 좋은 기후가 어우러진 바르셀로나는 유럽으로 오는 관광객들의 주요 거점도시이기도 해요. 장남 마튜는 바르셀로나에 산 지 15년이 되었고, 저 역시도 마튜와 함께 사업을 경영하기 위해서 3년 동안 그곳에서 살았어요. 마튜가 운영하는 바르셀로나 관광객을 위한 아파트 임대 사이트는 www.cocoonbarcelona.com 이랍니다.

아이 러브 바르셀로나

난 바르셀로나가 유럽에서 가장 아름다운 도시라고 생각해요. 하늘은 항상 지중해의 푸른색이며 태양은 빛나고, 지중해와 맞닿은 5킬로미터 가까이 펼쳐진 백사장이 여러분을 기다리니까요. 바다로 향하는 이 도시는 일상이 기쁨으로 가득해요. 혹시라도 여러분이 산을 좋아한다면 가까운 산을 오를 수도 있어요. 이렇게 멋진 도시가 또 있을까요? 나는 바르셀로나에서 자전거 타는 걸 정말 좋아해요. 날씨가 화창하고 맑은 날이면 자전거를 타는 발자취를 곳곳에서 찾아볼 수 있어요.

지루할 수 없는 곳이기에 지칠 수 없는 도시이며, 범세계적인 이 도시는 문화와 감탄할 만한 건축 그리고 눈부신 삶의 행복이 밤새도록 계속된답니다. 바르셀로나는 전 세계의 젊은이들이 축제를 즐기러 오는 마스코트 같은 도시니까요.

상상의 권력, 가우디

바르셀로나를 이야기할 때 너무나 유명한 건축가인 가우디를 빼놓을 수 없어요. 그의 건축물이 카탈루냐의 수도에 강한 인상을 주었으니까요. 그의 건축물 가운데 대표적인 것은 사그라다 파밀리아 성당, 카자 바틀로, 까자 밀라, 구엘 공원 등이며, 모두가 카탈루냐의 현대 건축의 명장이고 모든 형태는 자연에서 영감을 얻은 곡선으로 처리되어 있답니다.

바르셀로나의 상징, 사그라다 파밀리아 성당

바르셀로나의 상징은 유럽에서 계속 건축하고 있는 사그라다 파밀리아 성당일 거예요. 무려 1882년부터 공사가 계속되고 있거든요. 이 성당의 탑은 가우디의 넘칠 듯한 상상력으로 힘 있고 화려한 모습으로 탄생했어요. 마치 지구상에 존재하지 않는 모양 같아서 이 건축물의 장식을 발견하면 충격을 받게 될 거예요. 내가 마지막으로 성당을 방문했을 때는 아름다운 빛의 모습에 경탄하지 않을 수 없었답니다. 태양 빛이 스테인드글라스를 투과하면서 빛의 색깔이 찬란했기 때문입니다.

보케리아 시장

미각을 일깨우고 싶다면 보케리아 시장에 방문하는 것보다 나은 방법은 없을 거예요. 보케리아는 람블라 거리에 있는데, 여긴 바르셀로나에서 가장 유명한 대로랍니다. 이 스페인 전통 요리의 성전에는 지방 특산물과 이국적인 물품이 넘쳐나

요. 300개가 넘는 진열대에는 신선한 과일과 채소가 진열되어 있고, 커다란 햄 덩어리, 해산물, 포도주, 올리브오일, 향신료와 허브, 말린 과일, 치즈 등 다양한 식재료들 찾아볼 수 있어요. 나는 보케리아 시장의 상인분께 맛있는 도미 요리 레시피를 얻었답니다. 182쪽 '스페인식 도미 요리'의 레시피가 바로 그것입니다.

스페인의 대표 요리, 파에야

일요일 오후가 되면 스페인 사람들은 가족들과 파에야를 먹습니다. 우리 가족도 이 음식을 좋아하는데, 특히 해안가 레스토랑을 찾아가면 어마어마하게 차려놓은 파에야를 맛볼 수 있답니다. 음식 냄새가 진동하면 자연스럽게 침이 꼴깍 넘어갈 거예요.

파에야는 스페인의 전통 요리이자 상징적인 요리입니다. 쌀과 각종 채소, 토마토, 아티초크 등을 기본 재료로 하며 소나 닭 또는 토끼 고기, 해산물 등을 넣습니다. 둥근 팬에 올리브오일을 두르고 볶으며 사프란 한 줄기도 함께 넣어 만듭니다.

보헤미안의 분위기가 느껴지는 곳, 그라시아 지구

이곳은 내가 스페인에서 지낼 때 살았던 동네입니다. 그라시아는 시골이었다가 도시로 확장된 곳이에요. 좁다란 보행로를 걸어 그늘진 광장으로 들어서면 만날 수 있는 그라시아는 도심의 평화로운 오아시스 같은 느낌을 줍니다. 나는 축제 때 아름답게 장식된 길을 좋아해요. 동네 사람들이 나이를 불문하고 어우러져서 함께 음식을 먹는데, 보행로에도 커다란 식탁이 차려진 것이 특징입니다. 거기서 처음으로 '카스텔' 공연을 보았는데 얼마나 놀라웠는지요.

경이로운 인간 탑, 카스텔

카스텔은 카탈루냐어에서 나온 말인데, 어린이와 어른들이 함께 인간 탑을 쌓는 전통문화 공연을 뜻합니다. 사람들이 서로 어깨를 기대고 피라미드 모양으로 인간 탑을 쌓은 모습이 상상되시나요? 어떤 인간 탑은 8~9단계인데 그 높이는 10미터에 가깝습니다. 가장 높은 곳에는 어린아이가 올라서지요. 마지막에 올라간 사람이 꼭대기에서 십자 표시를 하면, 탑은 무너지지 않으면서 해체됩니다. 탑 하나를 완성하기 위해서 100~200명의 사람이 필요한 공연이며, 정말 위대해 보일 뿐만 아니라 보는 내내 등줄기가 오싹하기도 하지요.

브룸 브룸!

스페인은 항상 날씨가 좋기 때문에 도시에서 주차할 곳을 찾기가 어렵습니다. 그래서 장남 마튜는 차 대신 오토바이를 탑니다. 남편도 오토바이를 좋아해서 우리는 다른 동네로 쉽게 놀러 가요. 우리 가족이 여러 대의 오토바이로 다니면서 구불거리는 길에 서있는 자동차 행렬을 추월하면 마치 숲에 출몰한 이리 떼가 된 듯한 느낌이에요. 정말 기분이 좋아져요.

스페인 해변에서 놀고 있는 손자 테오

스페인 카탈루냐 지방의
전통문화, 카스텔

채식 셰퍼드 파이

Vegetarian shepherd's pie

겨울에 많이 먹는 요리 가운데 하나로 다양한 채소를 넣어 만듭니다. 고기를 넣어도 맛있지만, 여기서는 채식주의자들을 위한 레시피를 소개하고자 해요. 감자가 약간 바삭해질 때까지 오븐에 넣고 구우면 더욱 다양한 식감을 느낄 수 있습니다.

vegetarian food

Ingredient

4인분 기준 | 조리 시간: 35분

감자 ⋯ 400g

당근 ⋯ 200g

셀러리 ⋯ 200g

양파 ⋯ 100g

버섯 ⋯ 200g

식물성 오일 ⋯ 1큰술

토마토 페이스트 ⋯ 1큰술

우유 ⋯ 1/2컵 (150ml)

물 ⋯ 1컵 (300ml)

채소 육수 큐브 ⋯ 1/2개

레드 와인 ⋯ 1/2컵 (선택 사항)

밀가루 ⋯ 1큰술

소금, 후춧가루 약간

Recipe

1. 당근과 양파의 껍질을 벗긴 뒤 셀러리와 함께 얇게 썰어주세요.

2. 팬에 오일을 두르고 썰어둔 채소를 넣어 채소가 부드러워질 때까지 10분 동안 익힙니다.

3. 버섯을 얇게 썰고 팬에 더하여 5분 동안 더 익히다가 토마토 페이스트, 밀가루를 더하여 걸쭉해질 때까지 익히고 소금, 후춧가루로 간합니다.

4. 와인을 넣어 풍미를 더합니다.

5. 냄비에 물과 육수 큐브를 넣고 끓이다가 껍질을 벗겨낸 감자를 넣고 부드러워질 때까지 삶습니다.

6. 볼에 감자, 우유, 소금, 후춧가루를 넣고 으깬 감자 토핑을 만듭니다.

7. 오븐용 그릇에 익힌 채소를 담고 감자 토핑을 얹습니다.

8. 오븐에 넣어서 감자 토핑이 노릇해질 때까지 구워 완성합니다.

당근 주키니 귀리 팬케이크
Oatmeal pancakes with carrots and zucchinis

한국의 전을 떠올리면 좋을 것 같습니다. 특히 채소전과 비슷해요. 비 오는 날 막걸리와 전 대신 유럽을 상상하면서 팬케이크와 와인, 맥주를 마셔보는 건 어떨까요? 오늘 밤, 당신의 식탁 위에 유럽의 감성이 펼쳐질 거예요.

vegetarian food

Ingredient

4인분 기준 | 조리 시간: 35분

귀리 플레이크 ⋯ 100g

당근 ⋯ 100g

주키니 ⋯ 150g

곱게 다진 파슬리 ⋯ 1/2컵

밀가루 ⋯ 2큰술

달걀 ⋯ 3개

소금, 후춧가루 약간

올리브오일 약간

Recipe

1. 볼에 귀리 플레이크, 밀가루, 달걀을 담고 잘 섞어주세요.

2. 당근과 주키니는 강판이나 믹서에 굵게 갈아 꼭 짜서 물기를 제거한 다음 볼에 더합니다.

3. 파슬리, 소금, 후춧가루를 더하여 섞어주세요.

4. 팬에 올리브오일을 둘러서 달군 다음 반죽을 팬에 수북하게 담고 숟가락 뒷면으로 눌러 폅니다.

5. 앞뒤로 2분씩 익힌 다음 접시에 옮겨 담고 샐러드를 적당량 곁들여 완성합니다.

이탈리아식 펜넬 파스타

Italian style with fennel Pasta

한국에서 '회향'이라고 부르는 펜넬은 이탈리아 사람들이 자주 즐겨 먹는 음식 가운데 하나입니다. 요새는 벨기에 마트에서도 쉽게 펜넬을 구할 수 있을 정도로 보편화되었어요. 펜넬 파스타의 맛은 토마토 파스타와 비슷하다고 생각하면 좋습니다.

vegetarian food

Ingredient

2인분 기준 | 조리 시간: 70분

스파게티 면 ··· 200g

토마토 통조림 ··· 200g

마늘 ··· 4쪽

펜넬 ··· 400g

방울토마토 ··· 250g

양파 ··· 40g

바질잎 ··· 12장

오레가노 가루 ··· 1큰술

잣 ··· 40g

올리브오일 ··· 3큰술

발사믹식초 ··· 2큰술

파르메산 치즈 간 것 ··· 50g

소금, 후춧가루 약간

이 음식은 채식 요리로, 파르메산 치즈를 빼면 비건 요리가 됩니다.

Recipe

1. 오븐을 200℃로 예열합니다(오븐이 없으면 뚜껑이 있는 팬을 사용하세요).

2. 펜넬을 길게 채 썰고 마늘은 껍질을 벗겨 곱게 다집니다.

3. 오븐용 그릇에 펜넬, 방울토마토, 다진 마늘 반절을 담고 발사믹식초와 올리브오일을 두르세요.

4. 소금, 후춧가루로 간하고 골고루 버무린 뒤 알루미늄 포일을 덮어 오븐에서 35~40분 동안 굽습니다.

5. 냄비에 물을 넣고 한소끔 끓으면 스파게티 면을 넣고 7분~10분 동안 삶아 건진 다음 올리브오일을 살짝 둘러 섞어주세요.

6. 달군 팬에 잣을 넣고 볶은 다음 접시에 옮겨 식혀주세요.

7. 양파와 바질을 곱게 채 썰어주세요.

8. 팬에 올리브오일을 두르고 달군 다음 양파, 나머지 다진 마늘, 통조림에서 꺼낸 토마토, 오레가노 가루를 더하여 3분 동안 익힙니다.

9. 스파게티 면 위에 소스를 붓고, 오븐에 구운 채소를 더해서 골고루 버무립니다.

10. 상황에 따라 올리브오일을 추가하고 접시에 담아 잣과 바질, 파르메산 치즈로 장식해 완성합니다.

Veronique's Story
이탈리아

이탈리아는 태양이 빛나고 고운 모래사장이 있으며 지중해의 푸른 바닷빛이 넘실거려요. 그리고 이탈리아의 박물관들은 수많은 고대 유산을 보물로 가지고 있어요. 로마, 피렌체, 베니스 등 이탈리아의 도시들만큼 우리를 꿈꾸게 할 수 있는 건 없을 거예요.

하지만 이탈리아를 유명하게 만든 건 무엇보다 요리 덕분이에요. 지구상에 이탈리아 요리를 한 입도 맛보지 않은 사람이 있을까요? 수 세기 전부터, 이탈리아는 전 세계 사람들의 위장 일부를 쟁취했다고 볼 수도 있어요. 피자 레스토랑이 '미스 유니버스'가 된 거예요. 하지만 일상생활에서 이탈리아 사람들은 무엇을 먹을까요?

이탈리아 사람들이 먹는 것

하루의 첫 번째 식사는 가볍고 빠르게 해결해요. 설탕이 들어간 크루아상을 자주 먹고 이탈리아어로 에스프레소라 불리는 작은 커피 또는 그 위에 우유 거품을 잔뜩 얹은 카푸치노를 마시지요. 이탈리아 커피는 확실히 세계적이에요. 베니스의 상인들이 1615년 유럽에 커피를 들여온 건 놀랄 일이 아니지요.

오전 열 시쯤이 되면, 이탈리아인은 '피자 로사' 한 조각을 조금씩 먹고 있을지도 몰라요. 피자 도우 위에 토마토를 조금 얹은 것이지요. 대부분의 이탈리아 사람들은 두 번째 식사를 오후 한 시에서 두 시쯤에 해요. 이들이 시간적 여유가 있다면 두 가지 요리가 포함되어 있을 겁니다. 스파게티와 생선 또는 고기지요. 이탈리아에는 다양한 모양의 스파게티 면이 있으며 스파게티, 리가토니, 펜네, 푸실리, 페투치니 등 다양한 이름을 지니고 있어요. 그리고 이탈리아의 스파게티 면은 언제나 씹는 맛이 살아있는 정도로 익히는 '알 덴테'여야 해요. 알 덴테로 익히면 면에 들어있는 영양도 덜 빠져나가지요. 저녁 식사는 오후 여덟 시쯤에 먹으며 면류 하나가 메인 요리에 포함됩니다.

이탈리아의 생활 방식

장남 마튜는 이탈리아인 사브리나와 결혼했어요. 우리 가족은 로마 남쪽에 있는 사브리나 본가에 여러 번 방문했답니다. 이 지방은 '모차렐라 디 부팔라'의 생산지로 유명해요. 이 이탈리아 전통 치즈는 일반 모차렐라와는 달라요. 이 치즈는 암소

젖이 아닌 암물소 젖으로 만들거든요. 이탈리아에서 모차렐라 디 부팔라는 양념하지 않고 올리브오일과 함께 먹습니다.

  사브리나의 아버지는 사보디아 호숫가에서 레스토랑을 운영하고 계세요. 거의 모든 가족이 일손을 거들지요. 여름이 되면 꽃이 만발하는 화려한 정원에 심겨진 종려나무 아래에서 아페리티프를 즐길 수 있어요.

  이탈리아식 식전주 '아페리티보 이탈리아노'는 이탈리아에서 아주 중요한 의식입니다. 주로 오후 다섯 시에서 여덟 시 사이에 진행돼요. 바, 레스토랑에서 포도주나 칵테일 한 잔을 시키신다면, 스페인식 타파스처럼 생긴 간단한 먹을거리가 무료로 제공될 것입니다. 아페리티보 이탈리아노는 일이 끝난 뒤에 친구들과 수다를 떨거나 편안한 시간을 보내기 위한 수단이에요.

  이탈리아 요리는 본토 산 회향, 토마토, 호박, 가지, 올리브로 대부분 만들어집니다. 나는 지중해의 푸른 빛 바다에 솟아 있는 어느 레스토랑에서 처음으로 토마토와 잣이 들어간 회향 스파게티를 맛보았어요. 이 책의 208쪽에서 그 레시피를 찾아보실 수 있어요.

배낭 메고 이탈리아

  대학생 시절에 이탈리아로 배낭을 메고 여행을 갔어요. 이탈리아는 지붕 없는 박물관으로 불리는데, 그만큼 사방 어디에나 보물과 아름다움을 발견할 수 있기 때문이겠지요. 나는 프랑스의 프로방스 지방과 조금 닮은 토스카나 지방을 두루 구경했어요. 피렌체의 너무도 환상적인 베키오 다리를 건넜고 우피치 미술관에서 보티첼리의 '비너스의 탄생'을 보고 감탄했습니다. 가까이서 보면서 이 비너스가 사람의 크기와 거의 비슷하다는 점에 무한하며 여성적인 섬세함을 느낄 수 있었어요. 제 삶에 미학적인 충격을 받았다고나 할까요.

누구도 부정하지 못할 이탈리아의 큰 매력은 이곳 사람들이 정말 열정적이고, 손을 흔들며 노래 부르듯이 말한다는 점이에요. 거리에서는 항상 공연이 열려요. 이 때문에 이탈리아 사람들은 모두 희극배우이고, 흔히 연극과 진짜 삶을 구별하지 못한다는 이야기가 있지요.

로마의 캄포 데 피오리 광장 테라스에 앉아서 미네스트로네와 봉골레 스파게티 한 접시를 맛보는 건 달콤한 인생의 출발점이 될 거예요.

미네스트로네 채소를 잘게 썰어 만든 수프로 파르메산 치즈와 함께 제공됩니다. 레시피와 재료는 지방에 따라 다양해요. 이 책의 254쪽에서 레시피를 찾아보실 수 있어요.

봉골레 스파게티 나폴리 지방의 대표 음식으로 대합이나 조개로 맛을 낸 스파게티예요. 약간의 토마토, 양파, 마늘, 파슬리, 올리브오일, 백포도주를 함께 끓여 만들어요.

벨기에와 이탈리아 사람들

양국의 역사가 이탈리아 사람에게 항상 장밋빛이었던 것은 아닙니다. 그들 가운데 수천만의 사람이 여러 시대에 걸쳐 경제적인 이유로 망명한 적이 있어요.

제2차 세계 대전 이후, 약 7만 5,000명의 많은 이탈리아 사람이 벨기에로 이민을 왔습니다. 이들은 이탈리아의 태양 빛을 떠나서 벨기에 탄광에서 일하기 위해 왔던 것입니다. 탄광에서의 삶은 아주 힘들었지만 대부분의 이탈리아 사람은 다른 선택을 할 수 없었고, 여인들과 아이들은 벨기에에 살게 되었습니다. 결과적으로 이들의 삶은 벨기에식으로 훌륭하게 동화되었습니다. 2011년부터 2014년까지 광부의 아들이 벨기에 제1대 총리로 활동했습니다. 강렬했던 사회 진출의 예라고 할 수 있지요.

벨기에로 온 이탈리아 사람들의 가방에는 그들 나라의 요리가 담겨 있었어요. 많은 사람이 전 세계 각국에 스파게티 레스토랑과 피자 가게를 열었지요. 그리고 이탈리아 사람들이 노래를 정말 좋아한다고 알려져 있듯이 이탈리아 출신이면서 벨기에와 해외에서 활동한 유명한 가수들이 있어요. 「눈이 내리네」로 한국이나 일본에서 알려진 살바토르 아다모가 대표적이지요. 이들 음악에는 이탈리아의 태양이 흠뻑 담겨 있어서 많은 이탈리아 음악 애호가를 배출했습니다.

이탈리아의 어느 거리에서
도미니끄와 베로니끄

그라탱 도피누아

Gratin dauphinois

프랑스 식당에 가면 사이드로 많이 나오는 요리입니다. 감자의 퍽퍽함을 우유와 크림이 부드럽게 잡아주지요. 아이와 어른 모두 부담 없이 즐길 수 있으며, 손쉽게 조리해서 먹을 수 있다는 점이 장점입니다.

vegetarian food

Ingredient

4인분 기준 | 조리 시간: 75~90분

감자 ··· 1kg

액상 크림 ··· 200ml

우유 ··· 200ml

으깬 마늘 ··· 2쪽

소금, 후춧가루 약간

육두구 가루 약간

치즈 간 것 ··· 200g

버터 약간

육두구

○ 육두구는 단맛과 약간의 쓴맛이 특징인 향신료로, 육류 음식이나 각종 소스 등 다양한 요리에 자주 활용됩니다.

Recipe

1. 오븐을 175℃로 예열합니다.

2. 감자는 껍질을 벗기고 얇게 썰어주세요.

3. 오븐용 그릇에 버터를 바르고 감자를 서로 살짝 겹치도록 켜켜이 담습니다.

4. 한 켜를 완성할 때마다 소금과 후춧가루를 뿌려서 간을 합니다.

5. 그릇이 가득 찰 때까지 저민 감자를 반복해서 켜켜이 깔아주세요.

6. 크림에 우유, 마늘을 섞어 감자가 완전히 잠길 만큼 붓고 육두구 가루를 뿌립니다.

7. 오븐에 그릇을 넣어 감자가 부드러워지고 노릇해질 때까지 45분 이상 굽습니다.

8. 마지막으로 치즈를 한 켜 뿌리고 다시 오븐에 넣어 치즈를 녹입니다.

9. 채소 샐러드를 곁들여 내거나 고기 요리에 곁들여 완성합니다.

리크에 얹은 도미 필레

*Sea bream fillet
served on a bed of leeks*

시간이 없을 때 재빠르게 요리할 수 있는 간단 요리이자, 벨기에 사람들이 좋아하는 감자와 생선, 채소가 고루 들어 있는 영양 만점 요리입니다. 생선의 담백함과 감자의 부드러움, 채소의 신선함까지 한 번에 즐길 수 있습니다.

Ingredient

2인분 기준 | 조리 시간: 25분

도미 또는 흰살생선 살코기 ··· 200g

감자 ··· 300g

당근 ··· 100g

리크 ··· 흰색 부분 2대 분량

물 ··· 1컵(300ml)

월계수잎 ··· 1장

소금 ··· 1/2작은술

파슬리 약간

Recipe

1. 감자는 껍질을 벗기고 4등분한 다음 끓는 물에 15분 동안 삶습니다.

2. 리크와 당근을 길고 가늘게 채 썰거나 송송 썰어주세요.

3. 냄비에 물과 월계수잎, 소금을 넣고 한소끔 끓입니다.

4. 냄비에 감자와 리크, 당근을 더하여 10분 동안 익힙니다.

5. 도미 살코기를 길고 가늘게 썰거나 통째로 뜨거운 채소 육수에 넣고 5분 동안 익힙니다.

6. 그릇에 감자와 파슬리, 리크, 당근을 담고 리크 위에 도미를 얹어서 완성합니다.

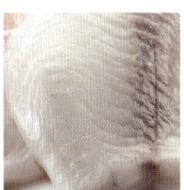

피살라디에르

Pissaladière

나는 안초비와 토마토가 어우러진 이 맛있는 요리를 프랑스의 작은 도시에서 발견했습니다. 테라스에 앉아 좋은 와인과 함께 이 음식을 먹을 때 큰 행복을 느꼈지요. 한국 사람들은 파이를 단 음식이라고 생각하는데, 유럽에서는 짜게 먹기도 합니다.

Ingredient

6인분 기준 | 조리 시간: 45분

시판 페이스트리 반죽 (생 또는 냉동) ⋯ 1개

양파 ⋯ 500g

토마토 ⋯ 2개

오일 보존 안초비 살코기 통조림 ⋯ 1개 (50g)

말린 허브 드 프로방스 ⋯ 1큰술

올리브오일 ⋯ 3큰술

파이 그릇 (30cm 크기) ⋯ 1개

- 양파를 썰 때 눈물을 뚝뚝 흘리고 싶지 않다면 물안경을 써보세요.
- 허브 드 프로방스는 로즈메리, 바질, 세이지 등의 허브를 섞어 만든 향신료입니다. 구이나 소스, 수프 등 다양한 요리에 활용되며 음식의 풍미를 더해주는 역할을 해요.

Recipe

1. 오븐을 200℃로 예열합니다.

2. 토마토는 얇게 저미고 양파는 채 썰어주세요.

3. 팬에 올리브오일을 두르고 양파를 더하여 노릇해질 때까지 10~15분 동안 볶습니다.

4. 파이 그릇에 페이스트리 반죽을 펴서 담고 볶은 양파를 한 켜 얹습니다.

5. 양파 위에 저민 토마토를 얹고 허브 드 프로방스로 양념을 합니다.

6. 토마토 위에 안초비 살코기 8장을 나누어 얹어주세요.

7. 파이 그릇을 오븐에 넣고 반죽이 잘 익을 때까지 20분 동안 구워 완성합니다.

모로코식 커민 고수 미트볼

Meatballs Moroccan style with cumin and cilantro

다진 고기와 각종 채소를 조리해 만드는 요리입니다. 독특한 향을 가진 커민과 고수가 음식을 특별하게 만들어주지요. 미트볼 토마토 소스에 중동의 맛이 더해졌다고 생각해도 좋을 것 같습니다. 나는 아직도 알제리 북부의 도시 가르다이아에서 먹었던 이 음식을 잊지 못하고 있습니다.

Ingredient

4인분 기준 | 조리 시간: 80분

다진 소고기 ··· 750g

생고수 ··· 1단 (20g)

커민 가루 ··· 4큰술

소금 ··· 2작은술

밀가루 ··· 2큰술

식물성 오일 ··· 1큰술

토마토 6개 또는 토마토 통조림 ··· 2캔 (800g)

주키니 ··· 2개 (250g)

양파 ··· 100g

당근 ··· 2개 (200g)

빨강 파프리카 ··· 1개

물 ··· 1컵 (300ml)

✿ 냄비에 미트볼을 익힐 때는 주기적으로 미트볼을 이리저리 굴리며 바닥에 눌어붙지 않도록 주의하세요.

Recipe

1. 고수 8줄기를 골라 곱게 다집니다.

2. 큰 볼에 다진 소고기를 담고 손으로 잘 풀어주세요.

3. 소고기에 다진 고수를 더하고 커민 가루 2큰술, 소금 1작은술을 넣어 섞습니다.

4. 혼합물을 손으로 약 2~3cm 크기의 미트볼 모양으로 빚습니다.

5. 속이 깊은 접시에 밀가루를 담고 미트볼을 굴려서 골고루 묻힙니다.

6. 냄비에 오일을 두르고 가열하다가 미트볼을 넣고 골고루 노릇해질 때까지 천천히 익히세요.

7. 토마토와 주키니, 양파, 당근, 파프리카를 굵게 썰어 미트볼이 담긴 냄비에 더하고 물을 부어 5분 정도 끓입니다.

8. 냄비에 나머지 커민 가루와 소금을 더하여 뚜껑을 닫고 40분 동안 천천히 익히세요.

9. 남은 고수를 곱게 다져서 완성 직전 냄비에 더합니다.

10. 접시에 미트볼과 채소를 담고 익힌 세몰리나 쿠스쿠스 또는 밥을 함께 담아 완성합니다.

속을 채운 파프리카
Stuffed peppers

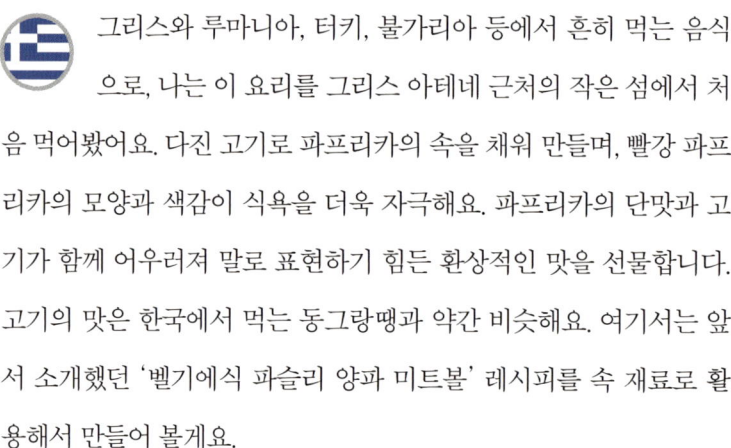 그리스와 루마니아, 터키, 불가리아 등에서 흔히 먹는 음식으로, 나는 이 요리를 그리스 아테네 근처의 작은 섬에서 처음 먹어봤어요. 다진 고기로 파프리카의 속을 채워 만들며, 빨강 파프리카의 모양과 색감이 식욕을 더욱 자극해요. 파프리카의 단맛과 고기가 함께 어우러져 말로 표현하기 힘든 환상적인 맛을 선물합니다. 고기의 맛은 한국에서 먹는 동그랑땡과 약간 비슷해요. 여기서는 앞서 소개했던 '벨기에식 파슬리 양파 미트볼' 레시피를 속 재료로 활용해서 만들어 볼게요.

Ingredient

4인분 기준 | 조리 시간: 80분

빨강 파프리카 ··· 4개

식물성 오일 ··· 1큰술

소금 약간

❀ 속 재료는 136쪽 '벨기에식 파슬리 양파 미트볼' 레시피를 참조해주세요.

Recipe

1. 오븐을 180℃로 예열합니다(오븐이 없으면 뚜껑이 있는 팬이나 냄비를 활용하세요).

2. 빨강 파프리카를 세로로 길게 2등분하여 씨를 제거하고 안쪽에 소금을 살짝 뿌립니다.

3. 미트볼 혼합물을 만들어 파프리카 속을 채워주세요.

4. 오븐용 그릇이나 팬에 오일을 바른 다음 파프리카를 담고 오븐에서 파프리카 크기에 따라 50분 이상 굽습니다(또는 팬이나 냄비에 파프리카를 담고 뚜껑을 닫은 다음 천천히 익혀주세요).

5. 밥을 곁들여 완성합니다.

레몬과 마늘을 가미한 닭 허벅지 살 요리

Lemon-garlic chicken thighs

닭고기를 요리할 때 레몬이 얼마나 중요한 식재료인지를 잘 보여주는 요리입니다. 레몬과 마늘, 양파가 자칫 퍽퍽해지기 쉬운 닭고기를 맛있고 부드럽게 만들어줍니다. 닭고기를 즐겨 먹는 한국 사람들에게 새로운 닭 요리의 세계를 보여줄 거예요.

Ingredient

2인분 기준 | 조리 시간: 65분

닭 허벅지살 ··· 2개

양파 ··· 200g

마늘 ··· 4쪽

레몬 ··· 1개

월계수잎 ··· 4장

식물성 오일 ··· 1큰술

작은 감자 ··· 400g

소금, 후춧가루 약간

Recipe

1. 오븐을 180℃로 예열하고 오븐용 그릇에 오일을 바릅니다.

2. 양파와 마늘을 작게 썰어주세요.

3. 레몬은 껍질째 또는 껍질을 벗기고 얇게 썰어주세요.

4. 오븐용 그릇에 월계수잎과 양파를 깔고 레몬을 얹습니다.

5. 양파와 레몬 위에 닭 허벅지살을 얹고 소금, 후춧가루를 뿌린 뒤 오븐에 20분 동안 굽습니다.

6. 감자는 껍질째 깨끗하게 씻어 닭고기 가장자리에 둘러 담고 30분 정도 더 굽습니다.

7. 샐러드 또는 사과 소스(152쪽 '밥과 카레소스를 곁들인 삶은 닭 요리'의 사과 소스 레시피 참조)를 곁들여서 뜨겁게 완성합니다.

토마토 셰퍼드 파이

shepherd's pie with tomatoes

프랑스에서 매우 유명한 요리입니다. 다진 소고기와 으깬 토마토 위에 감자 토핑이 올라가 있어서 한 끼 식사로 손색이 없으며, 숟가락으로 퍼먹는 재미가 있습니다. 토마토의 상큼한 맛이 아이들에게도 인기 만점입니다.

Ingredient

4인분 기준 | 조리 시간: 55분

- 다진 소고기 ··· 750g
- 양파 ··· 200g
- 식물성 오일 ··· 2큰술
- 월계수잎 ··· 2장
- 마늘 ··· 2쪽
- 타임 ··· 1줄기
- 소금, 후춧가루 약간
- 토마토 통조림 ··· 600g

- 감자 ··· 1kg
- 소금 ··· 1작은술
- 육두구 가루 ··· 1작은술
- 우유 ··· 600ml
- 버터 ··· 20g
- 치즈 간 것 ··· 40g
- 빵가루 조금

※ 감자 토핑을 만들 때는 우유의 양을 적절히 조절하여 토핑이 너무 묽거나 되직하지 않도록 해 주세요.

Recipe

1. 양파를 잘게 다진 다음 팬에 오일을 두르고 양파를 넣어 노릇하게 볶습니다.

2. 팬에 소고기를 더하여 약한 불에 15분 동안 익힙니다.

3. 토마토를 통조림에서 꺼내 으깨고 소금, 후춧가루, 마늘, 타임과 함께 팬에 더하여 모든 재료를 골고루 섞어주세요.

4. 뚜껑을 닫고 10분 동안 뭉근하게 익힙니다.

5. 냄비에 소금물 1리터를 끓여주세요.

6. 감자는 껍질을 벗기고 작게 썰어 끓는 소금물에 넣고 부드러워질 때까지 10~15분 동안 익힙니다.

7. 냄비에서 감자를 건져서 으깬 다음 우유, 버터, 소금, 육두구 가루와 치즈 간 것 20g을 더해주세요.

8. 버터를 바른 그라탱 그릇에 소고기 토마토 혼합물을 담고 감자 토핑을 얹어서 덮어주세요.

9. 맨 위에 빵가루와 치즈 간 것을 뿌린 다음 오븐에 넣고 감자 토핑이 노릇해질 때까지 굽습니다.

10. 채소 샐러드를 곁들여 완성합니다.

칠리 콘 카르네

Chili con carne

향이 풍부한 요리로, 한국 사람들에게는 조금 생소한 맛의 음식입니다. 콩, 양파, 옥수수의 단맛에 고기의 고소함이 함께 어우러져서 밥과 함께 먹으면 더욱 맛있습니다. 나초를 준비해서 찍어 먹어도 좋아요.

vegetarian food

Ingredient

6인분 기준 | 조리 시간: 50분

다진 소고기 ··· 600g 또는 콩고기 ··· 200g

양파 ··· 2개

빨강 파프리카 ··· 1개

노랑 파프리카 ··· 1개

마늘 ··· 2쪽

칠리 가루 ··· 2작은술

오레가노 가루 ··· 1작은술

커민 가루 ··· 2작은술

소금 약간

강낭콩 통조림 ··· 1캔 (400g)

토마토 통조림 ··· 3캔 (1.2kg)

옥수수 통조림 ··· 1캔 (300g)

올리브오일 ··· 1큰술

Recipe

1. 팬에 올리브오일을 두르고 고기를 더하여 뒤적이면서 노릇하게 볶습니다.

2. 양파를 채 썰고 파프리카는 작게 잘라주세요.

3. 팬에 양파, 파프리카, 마늘, 칠리 가루, 오레가노 가루, 커민 가루, 소금을 더하여 골고루 섞어주세요.

4. 토마토를 통조림에서 꺼내 으깬 다음 팬에 더하여 뚜껑을 닫고 20분 동안 뭉근하게 익힙니다.

5. 강낭콩과 옥수수를 더하여 10분 더 익히고 접시에 담아 밥을 곁들여 완성합니다.

비건 레시피

1. 팬에 올리브오일을 두르고 채 썬 양파, 작게 자른 파프리카, 마늘, 칠리 가루, 오레가노 가루, 커민 가루, 소금을 더합니다.

2. 모든 재료를 골고루 잘 섞은 다음 콩고기, 으깬 토마토를 더하고 뚜껑을 닫아 20분 동안 뭉근하게 익힙니다.

3. 강낭콩과 옥수수를 더하여 10분 더 익히고 접시에 담아 밥을 곁들여 완성합니다.

수프 요리
Soup

✖ ✖ ✖

수프 요리는 보통 채소를 기본 재료로 하여 만들며 흔히 면류, 콩류, 고기나 생선과 함께 제공합니다. 벨기에에서 수프는 메인 요리 전에 제공합니다. 수프에 적셔 먹을 빵 한 조각을 곁들이면 그 자체만으로도 완성된 식사라고 할 수 있습니다. 수프 요리는 준비하는 시간이 짧고 만드는 과정이 간단하며 요리를 보관하기도 쉽습니다. 또한 비타민이 풍부해서 우리 몸의 영양에 균형을 잡아줍니다.

가을이나 겨울에 기온이 내려가면 우리를 따뜻하게 해줄 맛있는 수프보다 좋은 게 없을 거예요. 몸 상태가 안 좋을 때는 신선한 채소로 만든 수프만큼 수분을 공급해주고 힘과 원기를 주는 것도 없으니까요.

4장에는 내가 자주 만드는 수프 레시피를 소개할게요. 벨기에의 전통적인 레시피와 이탈리아식 미네스트로네, 무슬림들이 라마단 동안 먹는 모로코 수프도 소개할게요.

이탈리아식 미네스트로네
Italian minestrone

한국 사람들은 유럽 사람들이 수프를 많이 먹을 거라고 생각합니다. 하지만 실제로는 그렇지 않아요. 또 한국 사람들이 먹는 수프는 대부분 크림이 들어가서 고소하지만, 실제로 유럽에는 크림을 넣지 않는 수프가 많습니다. 그래서 토마토 향을 가득 품은 이 수프는 한국 사람들에게 다소 생소하게 느껴질 수 있습니다.

vegetarian food

Ingredient

6~8인분 기준 | 조리 시간: 55분

흰콩 ··· 75g

물 ··· 1L

토마토 통조림 ··· 2캔 (800g)

양파 ··· 75g

당근 ··· 100g

리크 ··· 100g

셀러리 ··· 1컵

애호박 ··· 80g

월계수잎 ··· 2장

닭 육수 큐브 (또는 채소 육수 큐브) ··· 2개

소금, 후춧가루 약간

파르메산 치즈 약간

Recipe

1. 흰콩을 물에 하룻밤 동안 담가 불립니다.

2. 양파는 껍질을 벗기고 곱게 다집니다. 셀러리도 곱게 다지세요.

3. 당근은 껍질을 벗겨 송송 썰어줍니다.

4. 리크는 흰색 부분만 송송 썰어줍니다.

5. 애호박을 1cm 두께로 잘라 한 조각당 4등분 하세요.

6. 큰 냄비에 콩과 물을 넣고 월계수잎을 더해서 15분 동안 익혀주세요.

7. 끓는 물에 통조림에서 꺼낸 토마토, 양파, 당근, 리크, 셀러리, 애호박을 더합니다.

8. 닭 육수 큐브 또는 채소 육수 큐브를 넣은 다음 20분 동안 흰콩이 익을 때까지 더 익힙니다.

9. 소금과 후춧가루로 간을 합니다.

10. 볼에 옮겨 담고 파르메산 치즈를 갈아 장식해 완성합니다.

처빌 수프

Chervil soup

비타민이 가득 들어 있는, 건강을 위해서라면 꼭 먹어야 할 최고의 수프 가운데 하나입니다. 크림을 좋아하는 사람들은 수프에 우유나 사워크림을 넣어서 먹어도 좋습니다. 빵에 찍어 먹으면 더욱 맛있어요.

vegetarian food

Ingredient

6인분 기준 | 조리 시간: 45분

리크 ··· 2대

감자 ··· 1kg

당근 ··· 400g

양파 ··· 100g

처빌 (생 또는 냉동) ··· 100g

물 ··· 2L 또는 8컵 (2.4L)

소금 약간

액상 크림 ··· 1큰술 (선택 사항)

Recipe

1. 양파는 껍질을 벗기고 적당히 썰어줍니다.

2. 당근과 감자는 껍질을 벗기고 굵게 송송 썰어주세요.

3. 리크는 꼼꼼하게 씻어서 송송 썰어주세요.

4. 큰 냄비에 물을 넣고 소금을 더한 다음 한소끔 끓입니다.

5. 손질한 모든 채소 재료를 더하여 뚜껑을 닫고 20분 동안 익힙니다.

6. 가위로 굵게 자른 처빌을 더하여 5분 동안 더 익힙니다.

7. 핸드 블렌더를 이용해 냄비 속 내용물을 곱게 갈아주세요.

8. 볼에 옮겨 담고 취향에 따라 크림을 더하여 뜨겁게 냅니다.

하리라

Harira

소고기와 렌틸콩, 병아리콩, 채소로 만드는 아주 건강한 수프입니다. 이슬람교도가 라마단 기간에 해가 지고 단식을 끝낼 때 먹는 음식으로, 수프보다는 한국 사람들이 즐겨 먹는 찌개에 더 가까운 요리입니다. 단백질이 풍부해서 먹을수록 힘이 솟는 걸 느낄 수 있어요.

Ingredient

10인분 기준 | 조리 시간: 70분

소고기 ⋯ 500g

토마토 통조림 ⋯ 2캔(800g)

얇은 스파게티면 ⋯ 1줌

굵게 다진 파슬리 ⋯ 2컵

굵게 다진 셀러리잎 ⋯ 2컵

생고수잎 ⋯ 1컵

렌틸콩 ⋯ 1컵

물 ⋯ 1L

달걀 ⋯ 2개

얇은 스파게티면 ⋯ 1줌

사프란 약간

식물성 오일 ⋯ 1큰술

밀가루 ⋯ 2큰술

소금 약간

Recipe

1. 병아리콩을 물에 하룻밤 담가 불립니다.

2. 소고기를 잘게 자른 다음 큰 냄비에 오일을 두르고 고기를 넣어 5분 동안 볶습니다.

3. 통조림에서 꺼낸 토마토, 물, 사프란을 냄비에 더하여 소금으로 간하고 한소끔 끓입니다.

4. 끓는 수프에 파슬리, 셀러리, 렌틸콩, 병아리콩을 넣고 30분 동안 익힙니다.

5. 물 1컵에 밀가루를 섞은 다음 수프에 더하여 5분 동안 끓이며 점도를 맞춰주세요.

6. 생고수, 스파게티면을 더하여 3분 동안 익힙니다.

7. 달걀 푼 것을 더하여 골고루 섞어주세요.

8. 볼에 옮겨 담고 생고수잎을 조금 뿌려 완성합니다.

호박 수프

Pumpkin soup

한국의 호박죽과 굉장히 비슷한 음식이에요. 맛이 달콤하고 식감이 부드러워 남녀노소 모두에게 인기를 끌고 있지요. 사워크림을 넣으면 여러분이 상상하는 그 이상의 맛을 느낄 수 있습니다.

vegetarian food

Ingredient

6인분 기준 | 조리 시간: 40분

양파 ⋯ 200g

홋카이도 호박 ⋯ 1개

일반 호박 ⋯ 1.2kg

소금 ⋯ 1작은술

식물성 오일 ⋯ 2큰술

물 ⋯ 1.2L

파슬리 ⋯ 1줌 (선택 사항)

액상 크림 ⋯ 6큰술

간장 ⋯ 6작은술

호박에는 비타민A와 비타민C, 칼슘, 식이섬유가 풍부합니다. 홋카이도 호박은 주황빛의 두껍고 딱딱한 껍질이 특징인 호박이에요. 노란 속살은 부드럽고 고소하며 단맛이 돌고, 무게는 보통 1~1.5kg 정도며 밤 향기가 가볍게 풍깁니다.

Recipe

1. 양파는 껍질을 벗기고 굵게 썰어주세요.

2. 호박은 껍질째 굵게 썰어주세요.

3. 큰 냄비에 오일을 두르고 양파를 5분 동안 볶습니다.

4. 냄비에 호박을 더하여 5분 동안 볶습니다.

5. 물을 붓고 소금을 더하여 30분 동안 익힙니다.

6. 핸드 블렌더를 이용해 냄비 속 내용물을 전체적으로 고운 질감이 될 때까지 꼼꼼하게 갈아주세요.

7. 그릇에 수프를 1인분씩 옮겨 담고 곱게 다진 파슬리 1큰술, 생크림 1큰술, 간장 1작은술을 더하여 뜨겁게 냅니다.

주키니 당근 수프

Zucchini and carrot soup

'뱀의 약초' 또는 '용의 약초'라고 불리는 타라곤은 조금 쓴맛이 나는 독특한 향신료입니다. 생으로 쓰기도 하고 말리거나 얼려서 쓰기도 하지요. 그만큼 주키니 당근 수프는 기존의 수프와 다른 특별한 맛을 선사할 거예요.

vegetarian food

Ingredient

6인분 기준 | 조리 시간: 40분

주키니 ··· 700g

당근 ··· 300g

양파 ··· 200g

식물성 오일 ··· 1큰술

물 ··· 1L

타라곤 (생 또는 냉동) ··· 2큰술 (선택 사항)

Recipe

1. 양파는 껍질을 벗기고 다집니다.

2. 냄비에 오일을 두르고 양파를 넣어 5분 동안 볶은 다음 물을 더하여 한소끔 끓여주세요.

3. 당근은 껍질을 벗기고 잘게 썰고 주키니는 씻어서 큼직하게 썰어주세요.

4. 냄비에 당근과 주키니를 더하고 15분 동안 익혀주세요.

5. 타라곤을 더하여 3분 더 익히고 모든 내용물을 핸드 블렌더를 이용해 갈아줍니다.

6. 수프 그릇에 옮겨 담아 뜨겁게 냅니다.

마르세유의 부야베스

Bouillabaise from Marseille

새우나 흰살생선과 같은 해물과 토마토, 감자, 양파 등의 채소가 고루 섞인 정말 맛있는 요리입니다. 한국 사람들에게는 약간 파스타 소스처럼 느껴질 수도 있어요. 소스에 바케트를 찍어 먹으면 더욱 맛있게 먹을 수 있습니다.

Ingredient

4인분 기준 | 조리 시간: 55분

도미 또는
기타 흰살생선 살코기 ··· 250~300g

냉동 새우 ··· 200g (약 12마리)

펜넬 ··· 300g

토마토 ··· 200g

감자 ··· 250g

양파 ··· 50g

마늘 ··· 5쪽

사프란 ··· 한 꼬집 (1g)

올리브오일 ··· 3큰술

화이트와인 ··· 150ml

생선 육수 큐브 ··· 1개

소금, 후춧가루 약간

물 ··· 500ml

※ 보통 부야베스는 금방 구운 빵에 루예를 발라서 함께 먹습니다. 루예는 프랑스 남부 지방에서 흔히 먹는 소스로, 마요네즈와 같은 방식으로 만들 수 있습니다. 간단하게 만들려면 마요네즈 1컵에 으깬 마늘 2쪽, 파프리카 가루 약간을 넣어 섞으면 됩니다.

Recipe

1. 양파의 껍질을 벗기고 채 썬 다음 냄비에 올리브오일을 두르고 양파를 넣어 5분 동안 볶습니다.

2. 마늘을 얇게 저미고 펜넬은 작게 잘라 냄비에 더하여 2분 동안 볶습니다.

3. 감자와 토마토를 작게 깍둑썰기해서 냄비에 더해주세요.

4. 냄비에 와인과 물, 생선 육수 큐브, 사프란을 더하여 한소끔 끓인 다음 뚜껑을 닫고 약한 불에서 15분 동안 뭉근하게 익힙니다.

5. 냉동 새우를 넣고 5분 동안 더 끓입니다.

6. 생선 살코기를 작게 썰어 냄비에 함께 넣고 5분 동안 더 익힙니다.

7. 그릇에 담아서 펜넬잎을 뿌려 따뜻하게 완성합니다.

Veronique's Story
프로방스

지중해를 따라 뻗은 남프랑스 지방은 태양, 포도나무, 올리브나무, 라벤더 향기, 매미들의 노래를 연상케 해요. 우리 나라 벨기에는 태양 빛이 강렬하지 않아요. 그래서 북유럽 사람들은 태양을 즐기기 위해 남쪽으로 휴가를 떠나 따뜻한 물에 몸을 담그고 지중해의 푸른 바닷빛을 만끽하길 원하지요. 벨기에 사람들도 떠나고 싶은 여행지 1순위는 단연 프랑스, 다음으로 스페인, 그 뒤를 이탈리아가 이어갑니다.

프로방스 지방에서 가장 잘 알려진 도시는 14세기에 교황이 머물렀다는 아비뇽이에요. 매년 아비뇽에서는 유럽 최대 규모의 연극 축제가 열립니다. 교황이 머물던 인상적인 성의 내부 뜰에 마련된 연극 무대 주변에는, 중세 시대에 마을을 두르던 4킬로미터 폭의 성벽이 감싸고 있답니다. 줄리안이 네 살 때 이 교황청을 방문했었는데, 건축물 보존이 매우 잘 되어 있어서, 수백 년의 시간을 초월하여 이처럼 갑옷을 입은 진짜 기사가 우리 앞에 뛰어들 것만 같았어요.

아주 오래전부터 남프랑스의 경이로운 빛은 위대한 화가들의 것이었지요. 앙티브에 피카소가, 아를에 반고흐가, 엑상프로방스에 세잔이, 니스에 마티스가 머물렀습니다.

영국의 작가 피터 메일은 참으로 영국인다운 유머로 프로방스적인 삶의 매력을 섬세하게 묘사했어요. 그의 수필 『프로방스에서의 1년』은 전 세계에서 600만 부가 팔리며 인기를 끌었고, 드라마로 만들어졌어요.

십여 년 전부터는 아시아의 커플들 특히 중국인들이 라벤더 들판을 영원한 사랑을 약속하는 상징으로 삼게 되면서 결혼식을 올리러 오기도 한대요.

프로방스 마을들

프로방스 지방의 몇 가지 매력적인 요소로 경치 좋은 마을들과 언덕이나 돌 봉우리가 솟은 곳에 지어진 돌집을 빼놓을 수 없습니다. 루시용 마을은 협곡과 어우러져 있어 프로방스의 콜로라도라는 별명이 붙었답니다. 채석장 같은 절벽에는 황토에 모래와 다양한 색깔의 찰흙이 섞여 빛이 납니다. 이것을 재료로 하여 가옥의 외관이나 화가들이 색을 칠할 때 사용하는 유약이 만들어지지요. 남프랑스 해안의 푸른 빛이 반사되어 이 황토색 절벽이 보이고 마침내 하늘에 이르면 마치 불꽃놀이처럼 폭발하는 듯한 오렌지색 노랑, 붉은 장밋빛 그리고 보랏빛이 어우러집니다. 루시용 마을은 진한 초록색 소나무가 심어진 언덕 위에 있는데, 화가들이 멋진 그림을 그리게 만듭니다.

진짜 찜해두고 싶은 마을은 우리 가족이 자주 방문하는 릴 쉬르 라 소르그 L'Isle sur la Sorgue입니다. 이곳은 아비뇽에서 50킬로미터 떨어진 곳이며, 이곳을 흐르는 운하가 상쾌함을 더하기에 '프로방스의 베니스'라는 별명을 붙였습니다. 많은 골동품 업자들이 그곳에 가게를 열고, 전 세계의 사람들은 다양한 종류의 가구와 장식품을 찾으러 방문해요. 다른 곳들과는 달리 남프랑스에서는 상점, 카페, 레스토랑이 저녁 늦게까지 운영되지만 저녁 볼거리가 적은 비수기에는 일찍 문을 닫기도 합니다.

프로방스 시장에서 느끼는 색깔, 향기, 맛보기

대부분의 프로방스 마을에서는 매주 장터가 열리기에 전 세계에서 온 사람들의 필수 방문 장소가 되기도 하며, 도심의 골목은 파랑돌처럼 다채로운 색과 향을 지녀요. 장바구니를 하나 들고 거니는 기쁨이 쏠쏠합니다. 풍성한 과일과 채소 진열대, 쏟아지는 태양, 향기로운 허브, 지방 특산 치즈, 손수 만든 오브제, 다채로운 색의 프로방스산 비누와 옷감이 즐비합니다. 이처럼 생기 넘치는 장터는 지방의 최신 뉴스를 접할 절호의 기회입니다.

나는 릴 쉬르 라 소르그의 장터에서 식탁보를 산 적이 있어요. 그리고 앞서 소개했던 피살라디에르 레시피는 프로방스 마을을 통과하는 소르그 강가의 어느 음식점 주방장님께 전수받은 것이지요. 부야베스 역시 남프랑스의 대표적인 요리이며,

본래 마르세유에서 유래한 음식이지요. 어부들이 남은 생선으로 요리한 것이 그 시초가 되었습니다. 라따뚜이는 특산물 채소로 만든 범벅으로, 가지, 호박, 고추, 토마토, 올리브 등이 주재료이고 거기에 구운 고기나 생선을 곁들여요.

  프랑스인들이 대체로 그렇듯, 프로방스 사람들 역시 그들의 위장이 매우 민감하다는 평판을 듣고는 합니다. 식탁에는 영양가 높은 음식으로 풍성하며 식사는 오래도록 이어집니다. 전통 프로방스식 요리는 그 지방에서 나고 자라고 잡힌 재료가 기본이 돼요.

릴 쉬르 라 소르그에서 강물에 발을 담그고 쉬고 있는
베로니끄와 줄리안

아름답기로 유명한
프로방스의 라벤더 들판

꼭 맛봐야 할 프로방스 음식

1. **지역 특산 채소**   토마토, 오이, 호박, 가지, 고추 등이 재배되고 맛이 좋아요.
2. **마늘**   프로방스 지방 요리에 마늘이 없다면 남프랑스에 태양이 없는 것과 같대요.
3. **올리브**   어떤 요리에나 들어가는 재료예요.
4. **올리브오일**   어떤 요리나 샐러드에 한 방울이라도 꼭 들어가는 풍성한 항산화 재료이지요.
5. **프로방스의 허브**   타임, 백리향, 개암, 오레가노, 로즈메리, 바질, 타라곤, 샐비어, 월계수, 회향 등 다양한 허브를 사용해요.
6. **태양 빛을 머금은 과일**   복숭아, 살구, 무화과, 체리, 포도, 멜론 등 과일이 달고 맛있어요.
7. **수제 치즈**   각 지방에서 수제로 만든 염소 치즈와 암양 치즈가 유명해요.
8. **레드, 로제, 화이트와인**   프로방스 지방에 2,000년 전부터 포도나무가 있었다고 해요.

프로방스 지방에는 일출이 두 번이에요

프로방스 사람들은 고질적인 쾌락주의자들로 명성이 나 있어요. 그들은 식탁에서의 즐거움을 지나치게 과장하길 좋아한다고 해요. 테라스에서 가볍게 술을 한잔 마시고 규칙적으로 오침을 즐기기도 하며, 나무 그늘에서는 페탕크 놀이가 한창이

거리에 앉아 이야기 나누며 쉬고 있는
베로니끄와 친구들

아름다운 마르세유의 모습

니까요.

  파스티스는 거의 프랑스에서만 애용되며, 아니스와 회향, 감초 향이 나고 연간 1억 3,000만 리터가 팔리는 술 이름입니다.

  프로방스 지방이 '무위안일의 왕국'이라고 착각하는 것은, 이 지방 사람 대부분이 농민, 포도 재배자, 수공업자, 어부, 목동인 점을 잊은 것과 같아요. 다시 말해 이 지방 사람들은 포도나무, 올리브나무, 과수, 채소 재배, 라벤더 재배로 살아갑니다.

  항상 프로방스 지방이 따뜻한 것은 아닙니다. 겨울은 춥고 귓가에 바람 소리가 윙윙거릴 만큼 강력한 태풍 미스트랄이 매년 강타하기 때문이에요. 이 지방에는 '추운 프로방스 지방의 태양은 따뜻하다'와 같이 오래도록 전해 내려오는 날씨에 관한 속담도 있대요. 많은 사람과 북유럽의 은퇴자들이 몇 달간 프랑스 남부에 머무르기도 해요. 너무나 멋진 곳에서 특별한 자연과 기후와 환한 빛을 즐기기 위해서겠지요.

후식
Desert

✖ ✖ ✖

서양에서는 메인 요리를 먹고 나서 후식을 먹습니다. 과일 타르트, 초콜릿 무스, 바닐라 크림이나 아이스크림 등이 있어요. 대부분의 후식에 들어있는 설탕이 행복한 기분을 줘서인지 아이들은 후식을 정말 좋아합니다. 설탕은 식욕을 억제해주는 효과가 있지만 건강을 지키려면 남용하지 않도록 주의해야 해요.

5장에서는 내가 여러분에게 꼭 소개하고 싶은 맛있는 후식들의 레시피를 담았어요. 내가 가장 좋아하는 후식들의 레시피를 참고해서 감미로운 음식을 만들어 보세요.

당근 케이크
Carrot Cake

당근 케이크는 한국 사람들도 즐겨 먹는 디저트라고 들었습니다. 줄리안도 이태원 근처에 있는 카페에서 자주 먹는다고 하더군요. 이 후식은 점심시간이나 나른한 오후에 커피 또는 차와 함께 먹으면 좋습니다.

Ingredient

6인분 기준 | 조리 시간: 65분

당근 … 250g

껍질 벗긴 호두 … 50g

달걀 … 3개

밀가루 … 230g

설탕 … 125g

버터 … 125g

소금 약간

베이킹 소다 … 1작은술

베이킹파우더 … 5g

레몬 제스트 … 레몬 1개 분량

오븐에 반죽을 구울 때는 오븐마다 반죽 익는 속도가 조금씩 다르므로 주의 깊게 관찰하되, 반죽이 제대로 부풀지 않을 수도 있으므로 오븐 문을 너무 자주 열지 않도록 합니다.

Recipe

1. 오븐을 180℃로 예열합니다.

2. 원형 케이크 틀에 버터를 살짝 바르거나 유산지를 깔아줍니다.

3. 당근을 굵게 다지고 호두는 잘게 썰어주세요.

4. 큰 볼에 달걀과 설탕을 넣고 조심스럽게 섞어줍니다.

5. 베이킹 소다, 소금, 레몬 제스트, 녹인 버터를 더하여 섞어주세요.

6. 밀가루와 베이킹파우더를 조금씩 더하면서 골고루 섞어주세요.

7. 당근과 호두를 더하여 모든 재료를 골고루 섞어줍니다.

8. 케이크 틀에 반죽을 붓고 오븐에 45분 동안 구워 완성합니다.

레몬 제스트

크레이프
Crepe

간식거리로 으뜸인 크레이프는 채소를 곁들여 식사 대용으로 먹기도 합니다. 그래서 유럽을 여행하다 보면 크레이프만 파는 식당도 종종 찾아볼 수 있지요. 옛날에 우리 아이들이 학교를 마치고 집에 오면 보통 오후 4시 정도가 되었는데, 이때 간식으로 크레이프를 만들어주면 정말 좋아했습니다. 테두리가 좁은 크레이프용 후라이팬을 쓰면 크레이프 반죽을 쉽게 뒤집을 수 있습니다.

Ingredient

4인분 기준 | 조리 시간: 30분

밀가루 … 4컵

우유 … 3컵

물 … 2컵

달걀 … 3개

식물성 오일 … 1큰술

소금 … 1작은술

바닐라 설탕 … 8g

❀ 오른쪽 사진 속의 나처럼 팬을 위로 휙 들어서 크레이프를 공중에 띄워 뒤집을 수도 있습니다. 이 크레이프 반죽은 설탕을 빼고 부쳐서 익힌 채소와 치즈를 곁들여 짭짤한 크레이프로 먹을 수도 있습니다.

Recipe

1. 볼에 밀가루를 담고 우유와 물을 부어 잘 섞어주세요.

2. 소금, 달걀, 오일, 바닐라 설탕을 더하여 골고루 섞어줍니다.

3. 완성한 반죽을 실온에 최소 1시간 정도 휴지합니다.

4. 팬에 오일을 적당량 둘러 달군 뒤 반죽을 한 국자 떠서 팬 한가운데에 부어주세요.

5. 팬을 기울여서 반죽을 골고루 펴주세요.

6. 한 면을 몇 분 동안 구운 다음 뒤집어서 반대쪽을 마저 익힙니다.

7. 시럽 또는 잼을 더해서 따뜻하게 냅니다.

Veronique's Story
암스테르담

자유로운 도시

1960년대 말부터 1970년대 초반 유럽과 북아메리카에 문화대혁명의 바람이 불면서 네덜란드 암스테르담에도 믿을 수 없는 자유의 바람이 불어왔어요. 다른 방식의 삶을 추구하는 모든 이에게는 '꼭 가봐야 하는 곳'이 되었지요. 벨기에, 독일과 맞닿은 네덜란드의 수도이자 유럽에서 네 번째로 큰 항구가 있는 암스테르담은 문화, 정치, 관습 분야에서의 모든 도전이 가능한 곳이에요.

암스테르담은 유럽 히피 운동의 중심지로, '평화와 사랑', '전쟁이 아닌 사랑'을 추구하는 미국에서 유래된 문화 운동의 영향을 받아 탄생했어요. 유럽과 전 세계에서 수많은 젊은이가 암스테르담으로 몰려왔고 도심에 있는 48헥타르 넓이의 공원인 본델 공원에 집결했지요. 그렇게 본델 공원은 정치적, 영적, 예술적 선구자들이 교류하는 전 지구적인 만남의 장소가 되었어요. 이 공원은 야외 공연장으로도 훌륭했고, 여름이면 잔디밭에서 잠을 청하는 수많은 젊은이의 숙소가 되기도 했어요.

또 다른 전설적인 장소는 파라디소입니다. 이곳은 과거 교회였던 곳에 설치된 공연장으로, 핑크 플로이드나 롤링 스톤 같은 걸출한 그룹을 양산한 본거지입니다. 현재에도 파라디소는 팝 뮤직의 성지로 여겨집니다.

소설가 파울로 코엘료는 2018년에 발간된 그의 작품 『히피』에서 당시의 이야기를 길게 풀어냈어요. 그 역시도 자유롭고 영적이며, 세상을 새로운 시선으로 바라보기 위해 암스테르담으로 갔던 장발족 젊은이 가운데 하나였답니다.

암스테르담의 히치하이크

열아홉 살이던 1974년에 나는 1425년에 설립된 벨기에의 유서 깊은 루뱅 가톨릭 대학교 간호학과 학생이었어요. 당시 많은 젊은이처럼 나도 히치하이크로 여행했습니다. 혼자서는 아니고 언제나 친구들과 함께였지요. 길가에서 엄지손가락을 들어 히치하이크를 표시하면서 다른 한 손으로는 우리의 행선지를 적은 푯말을 들고 있었지요.

차가 멈춰서기 전까지는 제법 긴 인내심이 필요했어요. 당시는 인터넷이 없던 시절이어서 지금처럼 좋은 차를 여럿이 나눠 타며 여행하도록 돕는 카풀 앱도 없었지요. 하지만 히치하이크는 돈을 아낄 수 있다는 점뿐만 아니라 그날 하루 운전사분들과 엄청나게 재미있는 대화를 할 수 있다는 점이 흥미로웠어요. 운이 좋으면 어떤 운전사는 우리에게 숙소를 제공해주기도 했지요. 무엇보다 이런 식의 모험은 이미 그 자체로 모험이었답니다.

나는 1975년의 새해를 벨기에에서 함께 온 친구들과 암스테르담에서 맞이했답니다. 인도의 전통적인 방식에서 유래한 요가가 심신 수련의 도구로 막 열풍이 일기 시작할 무렵이었지요. 친구들과 함께 새벽 5시에 일어나 2시간 동안 요가와 명상을 했어요. 긴장을 완화해주는 마사지 기술을 배우기도 했지요. 일과 시간에는 요가 센터의 부속 시설인 채식주의자 식당에서 무보수로 일했어요. 나는 후식 담당이었답니다. 앞서 소개했던 당근 케이크 레시피를 이때 알게 되었지요.

다양성의 도시

200개국 넘는 여러 나라 출신의 80만 명이 거주하고 있는 암스테르담은 매년 1,800만 명이 넘는 방문객이 찾는 유럽 최고의 도시예요. 벨기에의 브뤼헤처럼 암스테르담은 '북유럽의 베니스'라는 별명을 갖고 있어요. 관통하는 운하가 165개에 이르기 때문입니다. 많은 사람이 운하 위에 고정된 작은 선박에서 살기도 하는데, 어떤 것은 호텔로 개조되기도 했답니다. 2,500선이 넘는 선박이 예쁘게 복원되어서 알록달록한 모습이고, 그 가운데 100년이 넘은 것도 있습니다. 물 위의 도시는 특별한 활기를 풍기며 암스테르담을 전통과 현대가 뒤섞인 낭만적이고 놀라운 장소로 탈바꿈시켰어요.

암스테르담에는 60만 대가 넘는 자전거가 있어요. 거주자 수에 맞먹는 수예요.

그리고 400킬로미터가 넘는 자전거 전용 트랙이 있습니다. 암스테르담이 세계적인 자전거 수도로 알려진 것은 놀라운 일이 아닐 거예요.

관용의 도시인 암스테르담은 용감하게도 마약 판매를 합법화한 곳입니다. 마리화나는 특정한 커피숍에서 판매된다고 해요.

문화의 도시

네덜란드는 거장의 화가들을 배출한 나라입니다. 요하네스 페르메이르, 렘브란트 판 레인, 빈센트 반고흐 등이 있지요. 그래서 관광객들은 박물관에 많은 매력을 느낍니다. 가장 많이 방문하는 곳은 암스테르담 국립미술관과 반고흐미술관입니다. 반고흐미술관은 정말 경이로워요. 내가 가장 좋아하는 예술가의 200점 넘는 유화와 500개 넘는 데생을 만날 수 있어서 나는 이 박물관을 방문하는 것이 가장 즐거웠어요. 반고흐미술관에서는 반고흐 작품의 변천을 모두 살펴볼 수도 있지요.

네덜란드를 대표하는 것들

키 네덜란드 사람들은 지구상에서 가장 키가 큽니다. 남성의 평균 키는 185센티미터, 여성은 171센티미터라고 해요.

꽃 세계에서 처음으로 꽃을, 특히 튤립을 수출한 국가이며 튤립은 네덜란드의 상징이 되었지요. 암스테르담 근처에 있는 쾨켄호프 공원은 세계에서 가장 넓은 정원입니다. 매년 봄이 오면 32헥타르의 땅에 심어진 7백만 송이가 넘는 튤립과 다른 꽃들이 수백만 방문객의 경탄을 자아냅니다.

관습　2001년에 세계 최초로 동성 결혼을, 2002년에는 안락사를 조건적으로 합법화했습니다. 1981년에는 임신 중절이 합법화되었는데 그 전인 1971년부터 베아후이스Beahuis라는 클리닉이 세워지고 임신 중절 수술이 이루어졌습니다. 이에 따라 당시 임신 중절을 원했던 많은 벨기에 여성이 네덜란드에 가기도 했지요. 2000년에는 매춘이 합법화되어 매춘 지구와 에로틱한 바가 관광객들을 유혹하기도 합니다.

비틀즈　1969년에 존 레논과 오노 요코가 처음으로 '평화를 위한 침대 시위'를 기획한 곳이 암스테르담의 힐튼 호텔입니다. 이들은 베트남전쟁을 반대하고 세계의 평화를 장려하기 위해 일주일 동안 호텔 방에서 외출하지 않았답니다.

부유함　17세기 암스테르담은 세계에서 가장 부유한 도시였습니다. 당시 네덜란드의 식민지 제국이 전 세계에 퍼졌으니까요.

네덜란드의 음식

네덜란드의 전통 음식이 많이 알려지지는 않았습니다. 보통 네덜란드의 요리는 독일이나 프랑스 같은 이웃 나라에서 건너온 것이거나 다른 나라의 영향을 받은 것이 많습니다. 그리고 인도, 인도네시아, 수리남공화국과 같이 네덜란드의 옛 식민지였던 먼 곳에서 영향을 받은 요리도 있지요. 일반적으로 네덜란드 음식은 검소하고 정갈한 느낌을 준다는 특징이 있어요. 가장 많이 사용하는 재료는 각종 채소와 고기, 그리고 감자랍니다.

홍합과 감자튀김   이 요리는 원래 벨기에의 것인데, 네덜란드 사람들도 자주 먹어요. 네덜란드에서 구할 수 있는 홍합은 대부분 벨기에에서 들여온 것이에요.

청어   청어 절임, 청어 샌드위치 등 청어 요리는 네덜란드 사람들이 즐겨 먹는 음식 가운데 하나입니다. 청어는 네덜란드 문화의 상징이고, 네덜란드에서 가장 많이 잡히기도 해요. 먹기 전에 꼬리 부분을 잘라서 사용합니다.

치즈   네덜란드 사람은 연간 70만 톤이 넘는 치즈를 생산하고 먹습니다. 네덜란드에서 생산된 치즈는 맛도 좋고 신선해서 인기가 많습니다.

초콜릿 무스
Chocolate mousse

아이들이 정말 좋아하는 매력 만점인 디저트입니다. 다크 초콜릿과 달걀, 설탕, 버터만 있으면 쉽게 만들 수 있어서, 요리하는 사람도 먹는 사람도 언제나 만족할 수 있지요. 이제 집에서도 초콜릿의 달콤함을 만끽해보세요.

Ingredient

4인분 기준 | 조리 시간: 15분

다크 초콜릿 ⋯ 100g

실온 보관한 달걀 ⋯ 4개

설탕 ⋯ 2작은술

버터 ⋯ 3작은술

⚙ 거품낸 달걀흰자와 초콜릿 혼합물을 섞을 때는 섞는 양을 조금씩 늘리며 전체적으로 골고루 섞어야 합니다. 스패출러로 바닥까지 완전히 쓸어 올려서 아래 깔린 초콜릿 혼합물까지 꼼꼼하게 섞어 주세요.

Recipe

1. 달걀의 흰자와 노른자를 분리합니다(달걀노른자는 3개 분량만 사용합니다).

2. 다른 볼에 굵게 다진 초콜릿, 설탕, 버터를 담고 잔잔하게 끓는 물 냄비에 얹어 중탕하며 천천히 녹입니다. 다 녹으면 볼을 불에서 내리고 한 김 식혀주세요.

3. 녹인 초콜릿에 달걀 3개 분량의 노른자를 하나씩 넣으면서 나무 주걱으로 세차게 휘저어 섞어주세요. 혼합물이 아주 부드러운 상태가 될 때까지 저어줍니다.

4. 달걀 4개 분량의 달걀흰자를 큰 볼에 담아 거품기로 휘저어 단단하게 뿔이 설 때까지 거품을 냅니다.

5. 거품낸 달걀흰자를 초콜릿 혼합물에 조금씩 나누어 넣으며 스패출러로 접듯이 섞어주세요.

6. 반죽을 유리 그릇 4개에 나누어 담고 냉장고에서 최소한 2시간 동안 차갑게 식혀 완성합니다.

체리 클라푸티
Cherry clafoutis

「삼청동 외할머니」에 출연해서 만들었던 음식 가운데 가장 인기를 끌었던 후식입니다. 벨기에에서는 정원마다 체리가 열리는 6월에 많이 만들어 먹는 요리지요. 체리의 달콤함과 신선함이 입안 가득 펼쳐질 거예요.

Ingredient

4~6인분 기준 | 조리 시간: 65분

생체리나 냉동 체리 ··· 500g **또는 체리 통조림** ··· 1병

달걀 ··· 4개

액상 크림 ··· 1컵

바닐라 설탕 ··· 8g (또는 바닐라 익스트랙 1작은술)

설탕 ··· 2큰술

밀가루 ··· 3큰술

소금 약간

버터 ··· 1작은술

파이 틀 (지름 30cm 크기) ··· 1개

※ 클라푸티는 보통 체리씨를 빼지 않은 채로 만듭니다. 씨가 있어야 풍미가 좋아진다는 사람도 있지만 씨를 빼도 좋습니다.

Recipe

1. 오븐을 150℃로 예열합니다.

2. 파이 틀의 바닥과 옆면에 버터를 바르고 밀가루를 가볍게 입힌 다음 냉장고에 넣어둡니다.

3. 큰 볼에 달걀, 설탕, 크림, 밀가루, 소금, 바닐라 설탕을 넣고 거품기로 골고루 섞어주세요.

4. 파이 틀에 체리를 골고루 뿌린 다음 그 위에 반죽을 부어주세요.

5. 예열한 오븐에 50분 동안 구운 다음 따뜻하게 또는 차갑게 냅니다.

스페큘루스

Speculoos

스페큘루스는 벨기에의 전형적인 비스킷 종류입니다. 아이들이 쿠키와 장난감을 받는 날인 성 니콜라스 축일(12월 6일) 즈음이 되면 모든 제과점에서 갓 구운 스페큘루스 쿠키를 만날 수 있어요. 한국에 계시는 여러분도 아마 커피 한 잔에 곁들여 나오는 작은 스페큘루스 비스킷을 접한 적이 있을 거예요. 집에서 만든 스페큘루스는 이보다 훨씬 두꺼운 편입니다.

Ingredient

12인분 기준 | 조리 시간: 30분

밀가루 ··· 250g

황설탕 ··· 125g

달걀 ··· 1개

소금 약간

녹인 버터 ··· 100g

드라이이스트 또는 베이킹파우더 ··· 8g

시나몬 가루 ··· 1작은술

혼합 향신료 (정향 가루, 육두구 가루, 생강 가루) ··· 1작은술

아몬드 플레이크 ··· 25g

Recipe

1. 볼에 밀가루와 황설탕을 넣고 섞어줍니다.

2. 아몬드를 제외한 모든 재료를 더하여 주걱으로 휘저으며 골고루 섞고 손으로 치대서 반죽을 완성합니다.

3. 반죽에 면포를 덮고 냉장고에 넣어서 30분 동안 차갑게 휴지합니다.

4. 오븐을 180℃로 예열합니다.

5. 냉장고에서 반죽을 꺼내 밀대로 밀어서 1cm 두께로 만들어 주세요.

6. 칼을 이용해서 반죽을 3cmX6cm 크기의 직사각형 모양으로 자르거나 쿠키 커터를 이용해서 다양한 모양과 크기로 찍어냅니다.

7. 자른 쿠키 반죽에 아몬드를 적당히 눌러 붙이고 오븐에서 10분 동안 구워 완성합니다.

호두 케이크
Walnut cake

우리 마을은 호두가 많이 나오는 편이었어요. 그래서 호두 케이크를 자주 해먹고는 했지요. 불포화지방산이 듬뿍 들어 있는 호두는 심장병과 당뇨병을 예방하고 혈관 건강을 지켜주는 건강 식품이라고 해요.

Ingredient

6~8인분 기준 | 조리 시간: 45분

반죽 재료

- 다진 호두 ··· 1/2컵 (50g)
- 액상 크림 ··· 1컵 (200ml)
- 달걀 ··· 3개
- 설탕 ··· 1/2컵 (100g)
- 밀가루 ··· 1컵 (120g)
- 베이킹파우더 ··· 1큰술
- 반으로 자른 호두 ··· 10개 (장식용)
- 소금 약간

아이싱 재료

- 슈거파우더 6큰술
- 진한 액상 인스턴트커피 3작은술
- 소금 약간

❀ 오븐에서 구운 반죽을 칼날로 살짝 찔러봤을 때 칼날에 묻어나오는 것이 없다면 반죽이 잘 익었다는 뜻이에요.

Recipe

1. 오븐을 150℃로 예열하고 오븐용 그릇(지름 24cm 크기)에 유산지를 깔아 줍니다.

2. 볼에 달걀 2개를 깨서 넣습니다. 나머지 한 개의 달걀은 흰자와 노른자를 분리해 3분의 1분량의 달걀노른자를 볼에 담고 달걀흰자는 따로 그릇에 담아주세요.

3. 볼에 밀가루, 크림, 베이킹파우더, 소금, 설탕을 더하여 조심스럽게 거품기로 섞은 다음 다진 호두를 넣어주세요.

4. 달걀흰자를 거품기로 휘저어 단단하게 뿔이 설 때까지 거품을 냅니다.

5. 거품 낸 달걀흰자를 반죽에 천천히 더해서 접듯이 섞어주세요.

6. 반죽을 오븐용 그릇에 옮겨 담고 오븐에서 30분 동안 구워줍니다.

7. 반죽이 구워질 동안 슈거파우더와 액상 인스턴트커피, 소금을 섞어 아이싱을 만들어주세요.

8. 오븐에서 케이크를 꺼내 한 김 식혀주세요.

9. 케이크 윗면에 아이싱을 바르고 반으로 자른 호두로 장식해 완성합니다.

초콜릿 케이크

Chocolate cake

줄리안과 줄리안 친구들이 정말 좋아하는 케이크입니다. 어렸을 적에 초콜릿 케이크를 만들어 달라고 자주 조르고는 했지요. 요즘에도 나는 아이들의 생일에 초콜릿 케이크를 고양이 모양으로 구워서 내고는 합니다. 케이크 위에 생크림을 올리면 더욱 맛있게 먹을 수 있어요.

Ingredient

8인분 기준 | 조리 시간: 75분

반죽 재료

다크 초콜릿 … 280g

밀가루 … 160g

설탕 … 300g

버터 … 250g

달걀 … 5개

원형 케이크 틀 (지름 28cm) … 1개

아이싱 재료

초콜릿 150g

버터 한 덩어리

액상 크림 50ml

오븐에 반죽을 구울 때는 오븐마다 반죽 익는 속도가 조금씩 다르므로 주의 깊게 관찰하되, 반죽이 제대로 부풀지 않을 수 있으니 오븐 문을 너무 자주 열지 않도록 합니다.

Recipe

1. 오븐을 175℃로 예열합니다.

2. 케이크 틀의 바닥과 옆면에 버터를 바르고 밀가루를 가볍게 입힌 다음 냉장고에 넣어둡니다.

3. 초콜릿을 중탕으로 녹입니다.

4. 달걀은 흰자와 노른자를 분리합니다.

5. 실온에 두어서 부드러워진 버터에 설탕을 더하여 조심스럽게 섞다가 달걀노른자를 더하여 섞어주세요.

6. 녹인 초콜릿과 밀가루를 더하여 골고루 섞어주세요.

7. 다른 볼에 달걀흰자를 담고 거품기로 휘저어 단단하게 뿔이 설 정도로 만들고 초콜릿 혼합물에 더해서 천천히 접듯이 섞어주세요.

8. 반죽을 케이크 틀에 담고 오븐에 50~60분 동안 구워주세요.

9. 반죽이 구워질 동안 초콜릿을 중탕으로 녹이고 버터와 액상 크림을 더하여 골고루 섞어 아이싱을 만들어주세요.

10. 오븐에서 케이크를 꺼내 한 김 식혀주세요.

11. 케이크 윗면에 아이싱을 펴 발라 완성합니다.

사과 크리스프
Apple crisp

사과는 정말 다양한 방법으로 구울 수 있습니다. 나는 미국에 교환학생 갔을 때 홈스테이 아빠께 이 레시피를 얻었어요. 미국 사람들은 사과 크리스프 위에 아이스크림을 올려서 먹기도 하지요. 아마 한국에도 이미 맛본 사람들이 많지 않을까 싶어요. 이번 기회에 집에서 직접 만들어 먹는 특별한 경험을 해보는 건 어떨까요?

Ingredient

4인분 기준 | 조리 시간: 60분

사과 ⋯ 1kg

시나몬 가루 ⋯ 1작은술

물 ⋯ 1/4컵

밀가루 ⋯ 3/4컵

귀리 ⋯ 3/4컵

설탕 ⋯ 1컵 (백설탕과 황설탕 1:1 비율)

실온에서 부드러워진 버터 ⋯ 1컵

소금 ⋯ 1/2작은술

Recipe

1. 오븐을 150℃로 예열합니다.

2. 사과의 껍질을 벗기고 씨를 제거한 다음 얇게 썰어주세요.

3. 오븐용 그릇에 버터를 바르고 사과를 한 켜 깔아주세요.

4. 그 위에 준비한 시나몬 가루의 절반을 뿌리고 물을 더합니다.

5. 볼에 밀가루를 체에 한번 쳐서 담고 귀리, 설탕, 버터, 소금, 남은 시나몬 가루을 더하여 손으로 골고루 섞어주세요.

6. 깔아두었던 사과 위에 귀리 혼합물을 얹고 오븐에 40분 동안 구워 완성합니다.

Veronique's Story
한국

한국에서 만난 사람들

줄리안이 열일곱 살이 되던 2004년에 한국으로 교환학생을 가게 되어 얼마나 놀랐는지 몰라요. 많은 벨기에 사람이 한국 기업의 텔레비전이나 전화를 이용하고 자동차를 탔지만 이걸 만들어낸 나라가 얼마나 먼 곳인지는 대부분 잘 몰랐으니까요. 얼마 지나지 않아 남한과 북한의 만남이 전 세계 사람들의 이목을 받게 되고 한국 영화 흥행과 더불어 K-pop을 향한 열망이 일면서, 많은 젊은이가 대한민국에 대해 관심을 갖게 되었고 서울은 유행의 본거지가 되었어요.

첫 번째 한국 여행, 한국과의 첫 만남

우리 부부가 한국과 맺은 첫 번째 인연은 2004년에 우리 집에 하숙했던 한국인 교환학생 정 씨 덕분이었어요. 2007년에는 줄리안이 처음으로 방송에 참여했던

「잘 먹고 잘 사는 법」 프로그램의 촬영 팀이 우리 집에 방문했지요. 우리 부부는 딸 마엘과 함께 2008년에 처음으로 한국을 방문했어요. 줄리안은 매니저와 함께 공항으로 마중 나왔었는데 정말 진한 재회의 기쁨을 나눴어요.

한국에서의 첫 번째 바비큐

여행을 가면 흔히 가방은 무겁고 배는 고프지요. 도착하자마자 줄리안은 우리를 한국의 맛의 세계로 초대했고, 한국의 국민 음식인 고깃집의 세계로 안내했어요. 우리는 모든 것이 새로웠어요. 고기를 가위로 자른 다음 잘 구워지면 상추 위에 구운 마늘 조각과 고기를 얹고 손으로 쌈을 싸서 먹는 거예요. 정말 맛있는 잔치 음식이었어요. 모두가 둥글고 작은 식탁에 둘러앉아 있었고, 연기가 배출되는 흡입관도 있더군요. 정말 한국식 바비큐를 하기에 적합한 장소였지요. 우리가 앉았던 식탁 옆으로 십여 명의 젊은이가 불판 주변을 에워싸고 있었고, 화기애애한 대화를 나누며 맛을 즐기고 있었어요. 붉게 달궈진 숯만이 아니라 한국 술인 소주도 분위기를 달구는 데 한몫을 하고 있었고, 몸도 마음도 훈훈해지면서 속마음이 쏟아져 나오니 대화하는 목소리가 확실히 커지더군요.

그렇게 첫 번째 식사를 하면서 한국 요리의 상징인 김치를 난생 처음 맛보았어요. 고춧가루에 버무린 이 발효 배추는 매 식사마다 만날 수 있었지요. 처음에는 김치 맛에 조금 놀랐지만, 이후 차츰 과감하게 맛보기를 시도해보니 김치의 풍미와 향이 참으로 특별하다고 깨닫게 되었어요.

전통 음식

한국 음식은 우리가 평소에 먹어본 방식과 다르고 모든 종류의 재료가 함께 어우러진 것 같았어요. 한국은 우리를 맛의 세계로 초대했어요. 우리는 삼계탕, 불고기, 김밥, 비빔밥, 만두 등 한국의 특별한 요리를 맛봤어요. 줄리안은 자기가 좋아하는 모든 음식에 대한 찬사를 그치지 않으며 우리에게 소개했어요. 물론 줄리안의 선택은 틀리지 않더군요. 대부분 정말 맛이 있었어요. 물론 농축된 향신료를 사용한 어떤 음식들은 익숙하지 않은 우리의 미각으로는 맛을 깨닫기 힘들었지만요.

첫인상

줄리안은 우리에게 많은 친구를 소개해줬어요. 어떤 분들은 환영의 선물을 주기도 하셨어요. 참으로 유쾌한 기분이 들었고 놀랍기도 했어요. 우리나라에서는 젊은이들과의 세대 차이가 느껴지기에 이런 기회를 찾아보기 어렵거든요.

서울에는 초고층의 아주 현대적인 건물도, 3~4층의 낡은 건물도 볼 수 있다는 게 놀라웠어요. 최신 유행으로 꾸민 젊은 여성도 만날 수 있었지만, 거리에 앉아서 나물을 파는 할머니들도 계셔서 참 대조적인 느낌이 들었어요. 한국이라는 나라도 우아하게 미래의 궤도에 올랐고 현대적인 느낌이 고조되어 있었을 뿐만 아니라, 조상들의 전통과 조화된 모습도 확인할 수 있었어요. 마치 샤머니즘과 타로가 공존하는 것처럼이요.

처음 한국식 바비큐를 맛봤던 날

줄리안과 함께
「비정상회담」에 출연했던
친구들과의 저녁 식사

서울의 전통시장

뭔가 고유하고 열정적인 서울의 전통시장은 지붕에 덮여 있어서 인상적이었어요. 어디에나 사람들이 북적였고 진열대에는 과일, 채소, 향신료와 다양한 종류의 식재료가 쌓여 있었지요. 심지어 땅에도 진열된 곳이 있었어요. 우리는 김치가 담긴 대야와 국을 끓이는 솥 사이를 지나다녔답니다.

어시장은 제일 놀라운 곳이었어요. 살아있는 생선들이 수족관에 진열되어 있었거든요. 여러분이 생선을 고르면, 상인들은 여러분이 보는 앞에서 생선회를 뜨지요. 그리고 생선이나 게, 기타 갑각류를 고르기만 하면 안쪽에 놓인 식탁과 의자에 앉아 즉석에서 찜이나 구이를 맛볼 수 있었어요.

2015년, 서울에서의 두 번째 체류

우리 부부는 4월 말에 서울에 도착했고, 무용가인 딸 마엘은 보름 정도 늦게 우리와 합류했어요. 마엘은 어느 TV 프로그램에 초대되어 한국 무용가와 함께 동양 춤을 선보이기도 했어요. 우리 가족은 모두 촬영 과정을 지켜봤고 프로그램 말미에 줄리안과 함께 무대에 등장하기도 했어요.

한 번은 서울의 어느 사찰을 방문했는데 마침 부처님 오신 날 행사를 하고 있었어요. 사찰이 다양한 색깔의 등으로 멋지게 장식되어 있었답니다. 우리는 승려들과 함께 거리에서 춤을 추기도 했어요.

줄리안은 월드컵 경기장에서 열린 한국 대중가요 축제에 디제이로 참여했어요.

6만 5,000석의 거대한 경기장의 커다란 전광판에 보이는 줄리안의 모습이 믿기지 않았답니다.

2017년, 서울에서의 세 번째 체류

우리 부부가 서울을 다시 찾았을 때, 장남 마튜는 며칠 먼저 도착해 있었어요. 함께 이태원의 활기찬 밤 세상을 찾아갔답니다. 또한 민속 박물관을 방문해서 한복을 입고 멋진 고궁 안을 거닐었지요.

우리 가족은 줄리안이 행사장에서 디제이를 하던 동대문 디자인 플라자에 방문했어요. 이곳은 은색으로 된 군함 모양을 한 건축물이었는데 미래를 구현한 것 같은 느낌이어서 정말 인상적이었어요. 전 세계적으로도 비대칭적인 건축물로 손에 꼽힐 것 같았어요. 인터넷을 찾아보니 이곳을 다음과 같이 소개하더군요. '이 디자인과 건축 방식은 사람들로 하여금 혁신적 해결에 도달하게 하고 존재하는 한계 저 너머를 생각하게 한다.' 이미 우리는 이 목표에 도달했을 뿐만 아니라 추월한 느낌마저 들었답니다.

이번 서울 방문 때는 특히 줄리안과 함께 지내는 친구들도 만날 수 있는 시간이었어요. 줄리안의 주변에 항상 친절하면서도 배려해주시는 분이 많이 계시다는 점이 우리에게는 정말 큰 기쁨이었습니다.

2018년, 「삼청동 외할머니」 출연

어느 가을날 줄리안이 내게 전화를 걸어왔어요. 한 방송국에서 내게 프로그램에 출연해줄 수 있느냐고 제안이 들어왔다는 거예요. 프로그램은 바로 그 다음 달에 방영될 예정이었고, 제목은 '삼청동 외할머니'였지요.

방송의 콘셉트

이 프로그램은 리얼리티 쇼였어요. 여섯 명의 외국인 할머니들이 아이들을 데리고 한국에 와서 북촌의 한옥마을에서 머무는 모습을 15일 동안 24시간 내내 촬영하는 거였지요. 그리고 옆 골목의 한옥에 자리한 작은 식당에서 일을 돕는 내용도 담겨 있었어요.

벨기에에서 온 나를 포함해 프랑스, 멕시코, 헝가리, 코스타리카, 태국 출신의 여섯 명의 할머니가 차례대로 각 나라의 특별한 음식을 요리하는 것이 주된 내용이었답니다. 다섯 명의 젊은 한국 연예인이 외국인 할머니들의 요리 과정을 돕고 식당에 음식을 제공하는 내용이었어요. 미리 섭외한 사람들이 손님이 되어 음식의 맛을 보러 왔을 뿐만 아니라, 출연자들의 친구들이나 지역 주민들 심지어 행인들도 식당 문을 열고 들어왔답니다.

나는 이 프로그램에 참여하는 것이 정말 기대되었습니다. 그 이유는 단 하나, 요리를 좋아하고 다른 나라에서 온 부인들도 내 음식을 맛있게 먹었으면 하는 바람이 있었거든요. 도미니끄도 한국으로 함께 왔고 촬영하는 15일 내내 줄리안의 집에 머물렀답니다. 나는 다른 나라에서 온 할머니들과 함께 완전히 감금 상태였어요. 헝가리의 안나, 코스타리카의 비올레타, 태국의 말라, 멕시코의 오데트와 프랑스의 로랑스가 그 주인공들이었지요.

촬영 초기에는 촬영에 익숙해져야만 했어요. 전통 가옥 어디에나 카메라가 가득했거든요. 심지어 천장에도 카메라가 있어서 밤낮없이 계속 녹화가 되는 상황이었어요. 우리가 집을 나서면 늘 카메라가 따라 붙었고요. 하지만 조금씩 우리는 카메라에 대한 근심을 잊은 채 평소대로 생활했답니다.

매일 두 명의 할머니가 우리의 작은 식당에서 각 나라의 전통 음식을 요리했어요. 나는 리에주의 미트볼과 삶은 닭 요리를 만들었답니다. 그리고 후식으로는 체리 클라푸티를 만들었어요. 책에서 이 세 가지 요리의 레시피를 소개해드렸지요.

당일에 요리를 하지 않는 다른 4명의 부인들은 미리 기획된 다른 활동을 했고 이 모습도 촬영됐어요. 꽃 시장이나 어시장에 가보거나, 역사 유적지에 방문하기도 했고, 여러 식당에서 저녁을 먹기도 했지요. 미용실, 한의원을 가보기도 했고 수목원 소풍도 갔답니다.

한국에서의 잊지 못할 날

어느 날, 벨기에 손님들이 나를 만나고 싶어한다는 이야기를 들은 나는 부엌에서 음식을 만들다가 식당으로 나가봤어요. 그랬더니 누가 왔는지 아세요? 바로 아들 줄리안과 남편 도미니끄였답니다. 얼마나 기뻤을지 상상이 되시나요?

함께 프로그램에 출연하고 있던 한국의 연예인 분들이 내가 화려한 한복을 입는 걸 도와줬어요. 덕분에 마치 여왕이 된 것 같았지요. 내가 한복을 입고 입장하자 안쪽 뜰 중앙에 탁자가 보였어요. 거기에는 사용법을 모르겠는 흥미로운 물건들이 놓여 있었지요. 게다가 너무 놀랐던 건 남편 도미니끄도 멋진 파란색 한복을 입고 전통 모자를 쓰고 나타난 거랍니다. 오른쪽에는 정장을 갖춰 입은 아들 줄리안이 서 있었어요. 내 뒤로는 외국인 할머니들이 반짝거리는 한복을 입고 앉아 있었고요. 아마도 곧 어떤 행사가 연출될 것 같은 흥미로운 예감이 들었어요.

의례가 시작되고, 사회자 분이 씨는 도미니끄와 나를 한 번씩 바라보더니 한국 전통 혼례로 다시 한 번 결혼식을 올리겠냐고 물었어요. 아무도 예상하지 못했던 질문에 놀랐지만 도미니끄와 나는 '네'라고 답했어요. 줄리안은 조금 눈물을 훔쳤고, 우리 부부는 첫 번째 결혼식을 올린 지 40년 만에 서울에서 다시 결혼식을 올리게 되었답니다. 한국에 정말 고마워요. 그리고 이렇게 멋진 선물을 생각해주신 촬영 관계자 모두에게도 감사했어요. 우리는 늘 따뜻한 마음으로 대해주는 한국을 정말 사랑합니다.

「삼청동 외할머니」에 함께 출연했던
동료들과 베로니끄

결혼 40년 만에
다시 결혼식을 올리게 된
베로니끄와 도미니끄

Veronique's Story
아이들에 대한 기록

　아이들이 태어나기 전부터 매일의 일상 가운데 조금 특별했던 일, 이를테면 젊은 엄마로서 받았던 인상, 아이들과 친구들 사이에 일어난 일, 아이들이 처음으로 그린 그림과 처음으로 했던 말 등 감동받았던 것을 중심으로 작은 수첩에 적어가기 시작했어요. 그 기록들 가운데는 아이들이 세상에 처음 나왔을 때 아이들에게 했던 말이나, 매일 조금씩 엄마가 되어가고 아빠가 되어가는 과정, 아이들이 커나가는 모습, 우리들의 모습이 담겨 있어요. 아이들이 처음 기어가던 날과 처음 걸음마 하던 날, 좋아하는 음식, 만난 사람, 첫 번째 여행, 친구들, 아이들과 관련된 소재도 적어두었지요.

　사진과 영상도 추억을 기록하는 훌륭한 도구지만, 수첩에 적으면 아이들의 태도, 특별했던 순간들, 깊이 느껴지는 감동과 정서를 천천히 이해할 수 있어요. 어른이 되고 부모가 되었지만 마튜, 마엘, 줄리안은 이 땅에 처음 와서 겪었던 모험 이야기를 듣는 걸 아직도 좋아해요. 1987년 8월 24일 태어난 막내아들 줄리안의 수첩에서 발췌한 내용 일부분을 보여드릴게요.

1987년 9월 17일, 3주

날씨가 좋아서 거의 매일 너와 산책한단다. 너는 정말 빨리 자라는구나. 그리고 벌써 네 침대 위에 움직이는 작은 동물 모빌을 눈으로 쫓고 있어. 너는 소리에 매우 민감하고 벌써 '에취'라고 말할 줄도 알아. 너랑 나는 벌써 서로를 알아가고 있어. 나는 벌써 네가 언제 배가 부른지, 언제 피곤한지, 또 젖을 먹고 언제쯤 크게 트림을 하게 될지도 알고 있거든. 멀리서 찾아온 너를 조금씩 알아가는 것이 참 즐겁단다.

1987년 9월 24일, 한 달

네가 한 나절 깨어 있어서, 너를 거실에 있던 마튜 형과 마엘 누나에게 데려갔고 형과 누나가 너를 안아줬어. 예쁜 그림도 그렸지.

1987년 11월 24일, 세 달

너는 이제 편안하게 머무르기 시작했구나. 너는 기저귀를 바꿀 때마다 보는 탁자 위의 음악 모빌을 정말 좋아하네. 아침에 그걸 처음 보고서 좋다고 소리를 질러댔지. 이제 네가 줄리안이 되어가고 있다고 느껴져. 엄마가 좋아하는 네 이름을 부를 때 정말 기쁘단다. 이름을 통해 네가 존재하고 이렇게 만져지는 것 같아.

1987년 12월 22일, 네 달

밤 10시에 너를 눕히니까 자지 않으려고 얼마나 울었는지 몰라. 계속해서 우렁차게 우는 구나. 네 큰형 마튜가 너를 보러 왔을 때, 넌 완전 새빨개졌어. 형이 너를 침대에서 꺼내서 안아주었더니 언제 울었냐는 듯 잠잠해지더구나. 마튜는 너와 잘 지내려고 해. 책도 읽어주고 축제에도 함께 가고 축구도 같이 할 거란다. 형이 자기 침대로 너를 데려가려고 했지만 네가 밤새 잘 수 있어야 가능한 일일 거야. 너는 공갈 젖꼭지도 거부하는구나. 너는 채소 수프를 조금 먹고 젖을 물었단다.

1988년 6월 9일, 열 달

저녁 7시 30분쯤에 마튜가 너를 등에 업고 마을 구경을 하러 갔어. 나는 자전거를 타며 너희를 바라봤지. 마튜는 힘찬 걸음으로 걸었고 너희는 목초지에서 뛰노는 송아지를 보려고 잠깐 멈춰 섰어. 마튜는 너랑 같이 나에게 줄 향기로운 꽃을 땄어. 너희 둘이 참 잘 지내는 구나. 너는 어디로든 기어다닐 수 있고 보이는 무엇이든지 잡고 일어설 수도 있지.

1988년 6월 30일, 열 달

콧물과 기침…. 네 첫 이가 나오는구나.

1988년 8월 18일, 한 살

너를 재우려면 네 옆에 누워서 노래도 불러주고 배도 문질러줘야 한단다. 그러면 금세 잠이 들어. 너에게 정원에서 키운 강낭콩과 감자, 신선한 파슬리, 호두를 삶아줬어. 혼자 먹는 걸 좋아하는구나.

1988월 9월 말, 한 살 하고 세 달

모유수유 끝. 이제 너는 멋진 소년이 될 거야.

1988년 12월 19일, 한 살 하고 네 달

이틀인가 삼일 전부터 너는 줄곧 뽀뽀를 하는구나. 마엘 누나의 인형들에도 하고 엄마한테도, 아빠한테도, 마엘 누나한테도, 마튜 형한테도 뽀뽀를 하지. 네가 뽀뽀할 때마다 너무 귀여워서 깨물어주고 싶어!

1989년 2월 2일, 한 살 하고 여섯 달

너를 놀이방에 데려갔어. 너는 나한테 네가 좋아하는 놀이를 보여주고 내 손을 잡더니 나를 문으로 데리고 왔어. 엄마가 나가는 문이었지. 거기서 넌 참 재미있게

놀았단다.

1990년 7월, 거의 세 살

'너는 내 친구가 아니야'라는 말을 잘 했어. 엄마가 아닌 다른 사람이 널 안으려고 할 때, 네가 화가 났을 때 이렇게 말했단다. 그리고 네가 좋아하는 사람이 있으면 '너는 내 친구야'라고 말하기도 했지.

1991년 5월, 세 살하고 여섯 달

유치원 축제에서 너는 스코틀랜드 사람으로 분장했었지. 무대에서 관객들에게 많은 웃음을 줬고 존재감을 드러냈단다.

1991년 8월 29일, 네 살

우리는 네 친구들과 함께 너의 네 살 생일을 축하했어. 너는 엄마와 함께 고양이 모양의 초콜릿 케이크를 만들었지. 큰누나 마엘이 마녀로 분장해서 너를 재미있게 해주려고 했는데 너는 누나를 알아보지 못하고 너무 무서워했어.

1992년 2월, 네 살 하고 여섯 달

저녁이 되어 자기 전에 네가 침대에 누워서 뽀뽀하며 이렇게 말했어. "잠깐만, 내 애인은 엄마가 아니고, 델핀(유치원에서 제일 친했던 여자 친구)이야." 나는 너 역시도 내 애인이 될 수 있을 것 같냐고 물어보았어.

1992년 6월

너는 혼자서 자전거를 탔어. 가끔 네가 뒤를 돌아보느라 거의 넘어질 뻔했지만 다행히도 아빠가 너를 붙잡고 있었단다.

여덟 살 때, 너는 내게 참 예쁜 시를 써줬어

엄마를 나는 참 사랑해요.
황새가 줄리안을 가장 친절한 엄마가 사는 집에 떨어뜨려줬어요.
내 마음속에 온 꽃다발 하나
엄마에게 큰 행복을 줄 거예요.

6살 때 줄리안이
'엄마, 사랑해요.'라고 적은 쪽지

Veronique's Story
칼릴 지브란의 시,
「아이들에 대하여」

품에 아기를 안은 한 여인이 말했다.
'어린이'에 대하여 우리에게 말씀해주옵소서.

그러자 그가 말했다.

그대 어린이라고, 그대의 어린이는 아니다.
그들은 스스로 열망하는 '생명'의 아들이요 딸이다.
그들은 그대를 거쳐 왔으나
그대에게서 온 것이 아니다.
그러므로 비록 그들이 그대와 더불어 있더라도
그들이 그대의 소유물은 아니다.

그대는 그들에게 그대 사랑을 줄 수는 있으나
그대 생각을 줄 수는 없다.
그들은 그들 자신의 생각을 가지고 있기에.

그대는 그들 육신에 거처할 곳을 줄 수는 있으나
그들 영혼의 거처는 줄 수가 없다.
그들의 영혼은 그대가 방문할 수 없는,
꿈속에서도 가 볼 수 없는 내일의 집에 살고 있기에.

그대는 그들처럼 되기를 노력하는 것은 좋으나
그들을 그대처럼 만들려고 애쓰지는 말라.
삶이란 뒤로 가는 것도,
어제와 함께 머무르는 것도 아니기에.

그대는 날아가는 화살처럼
그대 어린이를 앞으로 쏘아 보내는 활이다.

사수이신 '그분#'은 무한의 행로 위에 한 표적을 두고,
그분의 화살이 빨리 그리고 멀리 갈 수 있도록

그분의 능력으로 그대를 당기는 것이다.
사수의 손으로 그대 구부려짐을 기뻐하라.

날아가는 화살을 사랑하심과 같이
'그분'은 견고한 활 또한 그만큼 사랑하시기에.

 칼릴 지브란의 시「어린이에 대하여」를 정말 좋아해요. 시의 내용이 정말 아름답고 깊은 공감을 주어 고개를 끄덕이게 하거든요. 나는 아이들을, 그들의 이야기를 듣는 것을, 커가는 모습을 바라보는 것을 정말 사랑해요. 아이들과 보내는 시간은 결코 흘러가는 시간이 아니에요. 제가 세 번이나 엄마가 되도록 해준 인생에게 고맙다는 인사를 하고 싶어요.
 부모님께도 감사해요. 사랑을 주시고, 이 땅에 정박할 수 있도록 뿌리를 주신 것, 그리고 날아갈 수 있게 날개를 주신 것도 감사해요. 18세 때, 부모님은 내가 교환학생을 하면서 가족이라는 둥지를 떠나 이 세상을 발견하고 다른 사람들과 다른 가족들을 만날 수 있도록 허락해주셨어요. 엄마가 될 차례가 되었을 때도 나는 이 시의 내용에 충실해지려고 늘 애썼어요. 아이들에게 그들이 세상으로 날아가는 방법과 다양한 기회를 얻게 하려고 노력했답니다.

이탈리아에서 올렸던
장남 마튜의 결혼식에서 세 아이

태어난지 얼마 안 된
손녀 미아를 안고 있는 도미니끄

마엘의 아들인 율리스를
안고 있는 베로니끄

율리스와 줄리안

감사의 말

이 책이 출간될 수 있도록 애쓰신 출판사에 감사합니다.

호석 씨, 이 책이 나올 수 있도록 애써줘서 정말 고맙다는 말을 전해요.

내 남편이자 모든 모험의 동반자인 도미니끄, 이 책을 위해 사진을 찍어주고 문장을 다듬어줘서 고마워요.

막내아들 줄리안, 네가 없었다면, 그리고 네가 이 조용한 아침의 나라에서 겪은 모험담이 없었다면 아무 일도 일어나지 않았을 거야. 이 책을 쓰는 내내 지지해줘서 고마워.

사진을 찍는 데 수고로움을 아끼지 않은 큰아들 마튜와 며느리 사브리나, 딸 마엘과 사위 올리비에게 고마움을 전한다.

사랑스러운 손주들인 테오, 이마, 율리스에게. 카메라 앞에서 너희들의 즐거운 미소가 매력을 발휘했어. 내 조카 소피의 딸인 종손녀 수에게도 고마움을 전한다.

친구들 미미, 까린, 마기, 도미니끄, 나탈리에게도 감사 인사를 전해. 예쁜 식탁보와 접시, 각종 주방 용품을 챙겨줘서 레시피 사진이 그야말로 잔치 분위기였어.

특히 도미니끄, 장폴, 피에르, 조세에게 기술적인 자문과 기자재 도움을 주신 것에 특별한 감사를 전해요.

프랑스에 사는 영국 친구 린다에게도 특별한 감사를 전해요. 내 레시피의 영어 번역을 도와줬어요.

항상 반갑게 우리 가족들을 맞아주신 많은 한국 분께도 진심어린 인사를 보내요. 여러분의 활기찬 기운과 웃음, 신뢰와 일에 대한 열정이 없었다면 이 책은 빛을 보지 못했을 거예요.

유럽 사람들이
가장 즐겨 먹는
집밥 레시피 50

유럽식 집밥

초판 1쇄 인쇄 2019년 5월 3일
초판 1쇄 발행 2019년 5월 10일

지은이 베로니끄 퀸타르트
펴낸이 김선식

경영총괄 김은영
책임편집 권예경 **디자인** 김누 **책임마케터** 최혜령
콘텐츠개발5팀장 이호빈 **콘텐츠개발5팀** 봉선미, 김누, 김다혜, 권예경
마케팅본부 이주화, 정명찬, 최혜령, 이고은, 이유진, 허윤선, 김은지, 박태준, 배시영, 박지수, 기명리
저작권팀 한승빈, 이시은
경영관리본부 허대우, 박상민, 윤이경, 김민아, 권송이, 김재경, 최완규, 손영은, 이우철, 이정현
옮긴이 이지원(프랑스어), 정연주(영어)

펴낸곳 다산북스 **출판등록** 2005년 12월 23일 제313-2005-00277호
주소 경기도 파주시 회동길 357, 3층
전화 02-704-1724
팩스 02-703-2219 **이메일** dasanbooks@dasanbooks.com
홈페이지 www.dasanbooks.com **블로그** blog.naver.com/dasan_books
종이 (주)한솔피앤에스 **출력·인쇄** (주)갑우문화사

ISBN 979-11-306-2184-5 (13590)

· 책값은 뒤표지에 있습니다.
· 파본은 구입하신 서점에서 교환해드립니다.
· 이 책은 저작권법에 의하여 보호를 받는 저작물이므로 무단 전재와 복제를 금합니다.
· 이 도서의 국립중앙도서관 출판시도서목록(CIP)은 서지정보유통지원시스템 홈페이지(http://seoji.nl.go.kr)와
국가자료공동목록시스템(http://www.nl.go.kr/kolisnet)에서 이용하실 수 있습니다. (CIP제어번호 : CIP2019016832)

다산북스(DASANBOOKS)는 독자 여러분의 책에 관한 아이디어와 원고 투고를 기쁜 마음으로 기다리고 있습니다.
책 출간을 원하는 아이디어가 있으신 분은 이메일 dasanbooks@dasanbooks.com 또는 다산북스 홈페이지 '투고원고'란으로
간단한 개요와 취지, 연락처 등을 보내주세요. 머뭇거리지 말고 문을 두드리세요.